계획이 문제였습니다

계획이 문제였습니다

정지하(룩말) 지음

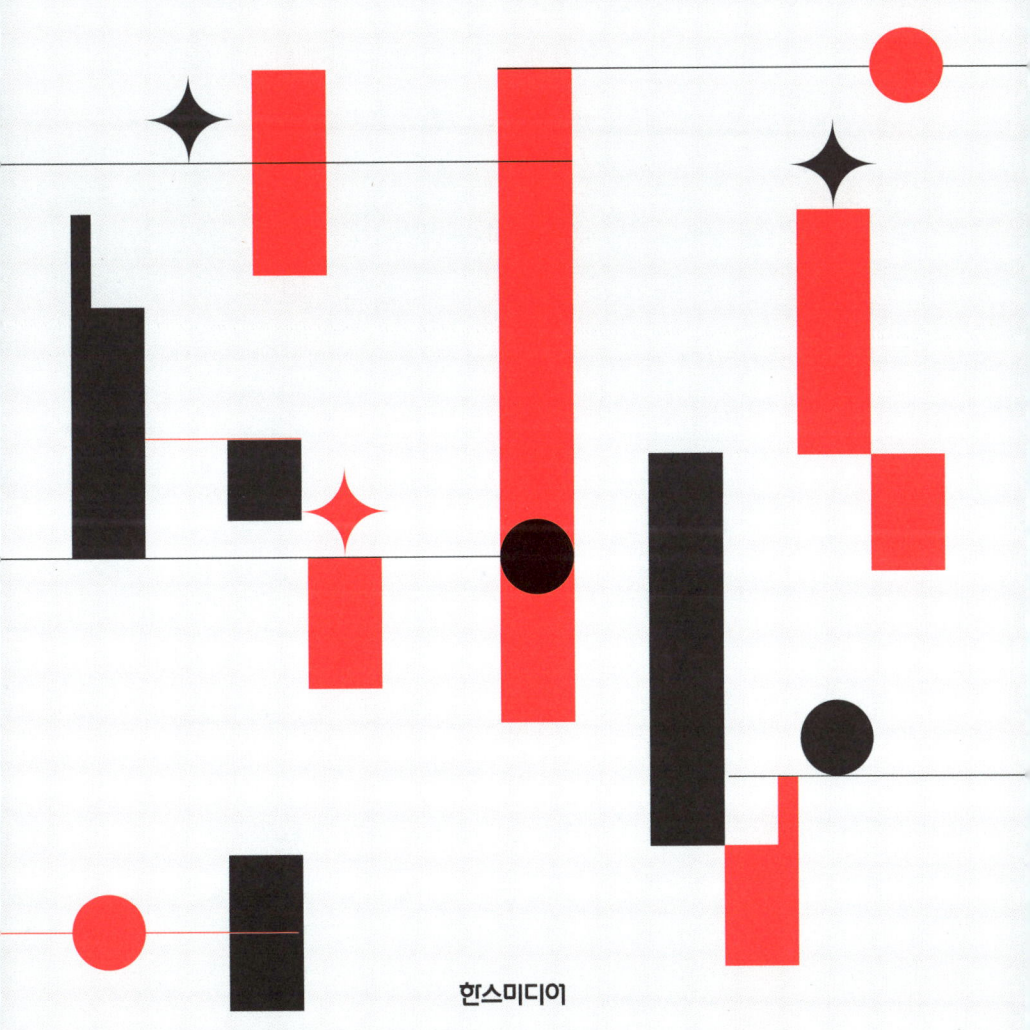

한스미디어

××× 프롤로그 ×××

긍정으로 점철된 두루뭉술한 계획에, 세워둔 계획마저 즉흥적으로 바꾸던 ENFP는 훈련된 J가 되었다. 하고 싶은 게 많아 벌이는 일만 많던 '하고잡이'가 더 중요한 것에 집중할 수 있게 되었다. 교대 근무로 다음 달 근무표만 기다리며 살던 전직 3교대 간호사가 계획을 잘 세우는 법에 대한 책을 쓰고 있다. 모두 다 내 얘기다. 인생은 재밌다. 자신이 변하고자 한다면, 변할 수 있으니까!

⊘ 당신은 변화를 원하는가?

내 직업은 변화를 원하는 사람들을 만나는 일이다. 책상에 앉아만 있는 시간을 집중하는 시간으로 변화시키고 싶고, 퇴근 후 숏폼만 보는 시간에 운동화를 신고 동네를 한 바퀴 뛰는 시간으로 변화시키고 싶은 사람들을 만난다. 하루를 변화시키고 싶은 사람들이다. 조금 더 큰 변화를 원하는 사람들도 만난다. 그들은 더 나은 조건의 회사로 이직하는 변화, 자신의 이름으로 일하는 삶으로의 변화, 아이와 일을 유동적으로 함께 병행하는 삶으로 변화를 꿈꾼다.

또한 자신이 변화를 원하는지, 아닌지 모르는 사람들도 만난다. 그러나 "저는 계획 같은 건 안 세워요."라고 말하는 사람도 원하는 하루와 원하는 인생이 있기 마련이다. 로또를 사든 안 사든, 누구나 한 번은 로또에 당첨된 삶을 상상해 보지 않는가? 나는 누구나 변화를 꿈꾼다고 믿는다.

그런데 이렇게 변화를 꿈꾸고, 그를 위해 노력하는 사람은 반드시 어려움에 봉착한다. 모든 애니메이션의 주인공이 고난을 거쳐 성장하는 것과 마찬가지다. 나는 이 과정에서 어려움을 줄여주는 역할을 하는데, 주로 사람들이 토로하는 어려움은 이런 것들이다. "저는 왜 이렇게 집중이 안될까요?" "퇴근 후 시간을 알차게 보내고 싶었는데, 저녁 먹고 나니 아무것도 하기 싫어 졌어요. 저는 너무 게으른 것 같아요." "꾸준히 하는 게 정말 어려워요." "생각만 하다가 1년이 갔어요. 후회스러워요."

많은 사람들은 변화하지 못하는 이유로 자신을 탓한다. 시무룩한 얼굴을 보면 나도 덩달아 속상하다. 이를 돕고 싶어 이야기를 더 나누다 보면 공통점을 발견하게 된다. 애초에 계획 자체가 지키기 어렵게 세워졌다는 것이다. 당신의 실천력이나 의지력이 문제가 아니다. 첫 단추를 다시 잘 끼우면 변할 수 있다.

변화를 원하는 당신에게 이 말을 전하고 싶다. 아직 자신의 실천력, 의지력을 탓하기는 이르다는 것을! 더 나아질 여지가 아직 충분히 있다는 것에 오히려 희망을 느껴야 한다는 것을!

⊘ 당신의 발목을 잡는 계획은 이런 것!

당신이 세운 계획이 오히려 당신의 발목을 잡고 있다면? 다음은 대표적으로 행동에 제동을 거는 계획이다. 스스로의 이야기가 아닌지 살펴보자.

- 퇴근 후 엄청 피곤한데, 대단히 에너지가 많이 들어가는 것을 하려고 계획하는 것 → 의지로 며칠은 할 수 있지만, 꾸준히 하는 것은 도저히 불가능한 계획이다 (챕터 3-9참고)
- 새로 받은 업무의 마감은 2주 뒤니까 오늘은 일단 하던 일을 하기로 하는 것 → 업무를 받은 초반에 다른 일과의 병행을

고려하며 전체 계획을 세워야 한다. 마감 기한만 믿고, 다른 일만 하다 보면 어느새 마감 직전일 것이다. (챕터 4-5 참고)

- 새로운 분야에 처음 발을 들이면서 장기적인 플랜을 탄탄하게 세우는 것 → 망상에 가까울 만큼 현실성이 떨어지는 계획일 가능성이 크다! 잘 모르는 분야는 대략의 시나리오만 세우고, 일을 해 가면서 계획을 점점 현실적으로 구체화해야 한다. (챕터 2-5참고)

- 일을 계속 미루는 이유에 대해 자기 탓만 하는 것 → 일을 미루는 이유를 자신에게서만 찾지 말자. 각각의 일마다 이유가 다를 수 있다. (챕터 4-4 참고)

- 하루를 시작하며 할 일 목록을 적고 되는 데까지 한다는 마음으로 임하는 것 → 갑자기 생기는 일에 하루가 휘둘리기 좋은 계획이다. 우선순위를 정하고, 적어도 오늘은 여기까지 하겠다는 최소 기준이 필요하다. (챕터 2-3 참고)

⊘ 실천력은 좋은 계획에서 나온다

좋은 계획은 실행력에 영향을 미친다. 벼락치기를 하지 않고도 마감 기한을 지키고, 어떤 일이든 쉽게 포기하지 않으면서 최상의 능력을 끌어내게 만든다. 좋은 계획은 내 행동만 바꾸는 것이 아니라 놀랍게도 주변 사람의 행동에도 영향을 미칠 수 있다.

실제로 나는 6년 동안 꾸준히 플래너를 쓰는 사람이 되었다. 하루를 세세하게 계획하는 게 아니라 24시간을 여섯 개의 흐름으로 간단하게 나누는 방향으로 계획법을 바꾼 다음의 변화였다. 매일 플래너를 쓴다는 것은 원하는 오늘 하루를 상상하며 시작하고, 점검하며 하루를 마무리한다는 의미다. 나는 이 습관의 덕을 많이 보았다. 끊임없는 강연 문의, 방송 출연과 같은 일에서의 성취뿐만 아니라 내 컨디션과 감정도 더 세심히 돌볼 수 있게 되었다. 점점 내가 무엇을 좋아하고, 무엇을 피하고 싶은지가 명확해졌다. 작은 실천을 통해 무기력함에서 벗어날 힘을 얻었고, 꾸준하게 일상을 정리하면서 사소한 일에도 감사하는 마음도 생겼다. 내 삶이 감사하게 느껴지니 타인에게도 더 다정해질 수 있었다.

이는 더 좋은 계획을 세우는 선순환이 되었다. 이제 내 몸이 마음처럼 움직이지 않을 때는 의지를 다지기보다 계획부터 살펴본다. 내 실천력은 좋은 계획에서부터 나온다는 것을 깨달았기 때문이다.

⊘ 좋은 계획이란 무엇인가

좋은 계획이란 과연 무엇일까? 나에게 맞거나 특정한 상황에 맞거나, 특정한 목적에 맞는 계획이다. 즉, 모든 것에 통하는 절대 원칙은 아니란 뜻이다. 이 점이 바로 이 책이 필요한 이유다. 다양한 상황 또는 목적에 따라 효과적인 계획법을 다루었다. 계획이라는 단어조차 어색한 사람에게 도움이 될 방법부터 자신이 사용하는 방법을 한층 발전시키고 싶은 사람까지 모두 만족할 만한 내용을 담았다.

"계획을 세우는 것보다는 일단 행동이 더 중요한 것 아니야?" 누군가는 이렇게 의문을 던질 수도 있겠다. 그러나 계획과 실천 그리고 점검은 직선이 아니라 원형으로 연결되어 서로에게 영향을 미친다. 의지가 강하다면 몇 번 정도는 실천력을 끌어올릴 수 있지만, 의지의 힘이 약해진 후부터는 좋은 계획이 힘을 발한다. 좋은 계획을 세우면 실천하는 데에 힘과 시간도 덜 들고, 비용도 아껴준다. 전체를 관망할 수 있는 계획력을 갖추면 되면 리스크 관리도 가능해진다.

계획력이 일의 절차와 방법, 규모 따위를 미리 헤아려 작성하는 능력을 말한다면, 실천력은 생각한 것을 실제로 행하는 힘이다. 이 둘은 각기 다른 능력이다. 계획에서 실천으로 흐르는 선후관계가 있는 개념이다. 그러니 실천력에서만 답을 찾지 말자. 실천의 전 단계, 계획력을 끌어올리면 자연스럽게 행동이 바뀐다. 답은 여기에 있다!

⊘ 전혀 계획을 세우지 않는 사람에게도 도움이 될까?

이 책 『계획이 문제였습니다』를 쓰면서 되뇌인 질문이 있다.

'이 책이 과거의 나를 도울 수 있을까?'

'단순한 팁이 아니라, 삶을 원하는 방향으로 끌고 갈 수 있도록 하는 힘을 줄 수 있을까?'

끊임없이 이러한 물음을 던지면서 쓰고 지우고, 다시 쓰기를 반복했다. 독자들이 처한 상황도 내면의 힘도 저마다 다를 것이다. 그래서 계획의 용도와 난이도에 따라 네 가지로 나누어 담았다.

챕터 1에서는 계획력을 통해 변화한 나의 여정에 대해 소개했다.

챕터 2에서는 계획을 세우는 것도 잊은 채로 하루를 살아내고 있는 사람들을 위한 계획력을 이야기한다. 가장 힘겨울 때를 보내고 있던 나를 생각하며 쓴 부분이기도 하다. 그리고 누구나 자신을 일으킬 힘이 필요할 때 다시 찾아도 도움되는 내용을 담았다.

챕터 3은 일상 계획을 잘 세우는 방법에 대한 내용이다. 즉각적으로 일상의 실천력을 끌어올릴 수 있는 계획법을 담았다. 이 방법을 적용한다면 반드시 원하는 하루를 만들 수 있을 것이다.

챕터 4는 일을 잘 하기 위한 계획 세우기다. 시간을 잘 활용하면 자신의 최대치의 능력을 발휘할 수 있다. 업무를 하면서 느낀 성취감은 자신감의 큰 자양분이 되기에, 일을 잘 하는 것은 중요하다. 자신의 일이 세상에 어떻게 도움이 되는지를 알고, 성과를 내는 방향으로 계획하고, 실행력을 높이고, 돌아보는 방법을 만날 수 있다. 이를 통해 애쓴 만큼의 성과를 내기를 바란다.

마지막 챕터 5에서는 장기 계획을 통해 인생을 원하는 방향으로 굴리는 법을 다룬다. 우리가 조금 더 멀리 볼 수 있는 시야를 기른다면 오늘의 노력을 내가 원하는 미래로 연결시킬 수 있다.

이 책은 아래와 같이 다양한 방법으로 활용할 수 있다.

방법 1. 먼저 전체적으로 책을 읽고, 원하는 방법부터 적용한다.

방법 2. 목차에서 마음이 가는 부분부터 읽고, 하나씩 실행해 본다.

방법 3. 손이 잘 가는 곳에 꽂아두고, 필요한 상황에 맞는 방법을 찾아 적용한다.

모든 방법을 한 번에 적용하기 보다는 자신에게 필요한 부분을 하나라도 먼저 해보고 순차적으로 확대해 나가길 바란다. 언제나 그렇듯 힘을 빼야 한다. 차근차근 접근하면 반드시 달라질 것이다.

⊘ 꿈을 현실로 만드는 것을 도와주는 책

3교대 간호사로 일하던 시절에도 막연하게 내 이름으로 일하는 것을 꿈꿨다. 그때 나의 현실과 이상은 마냥 동떨어진 것처럼 느껴졌지만, 막연하게라도 꿈꾸는 것을 멈추지 않은 덕에 조금씩 인생의 궤도가 수정되면서 여기까지 왔다. 지금 방법이 보이지 않는다고 해서 꿈꾸기를 멈추지 말자. 내가 포기하면 거기가 끝이지만, 내가 바라기를 멈추지 않으면 어떻게든 방법을 찾게 된다. 누구든 원하는 인생과 가까워질 수 있다.

이 책은 꿈과 현실, 그 간극을 채우는 데에 도움을 준다. 생각과 행동이 일치하는 순간이 많아지도록 도와준다. 좋은 계획을 세우는 법을 찾아볼 수 있게 이 책을 손 닿을 곳에 두자. 당신에게 필요한 것은 의지와 실천력이 아닌 좋은 계획이니 말이다!

이 책을 읽은 독자들이 계획력을 끌어올려 원하는 것을 하면서 자주 행복해하기를 진심으로 바란다.

2025년 8월

오늘도 당신이 하고 싶은것 것을 하도록 돕는, 정지하

××× 목차 ×××

Chapter 3.

계획력 키우기

Chapter 4.

일 잘하는 사람의 계획력

Chapter 5.
평생을 함께할 나의 계획력

CHAPTER 1

P형 인간 3교대 간호사, 시간관리 전문가가 되다

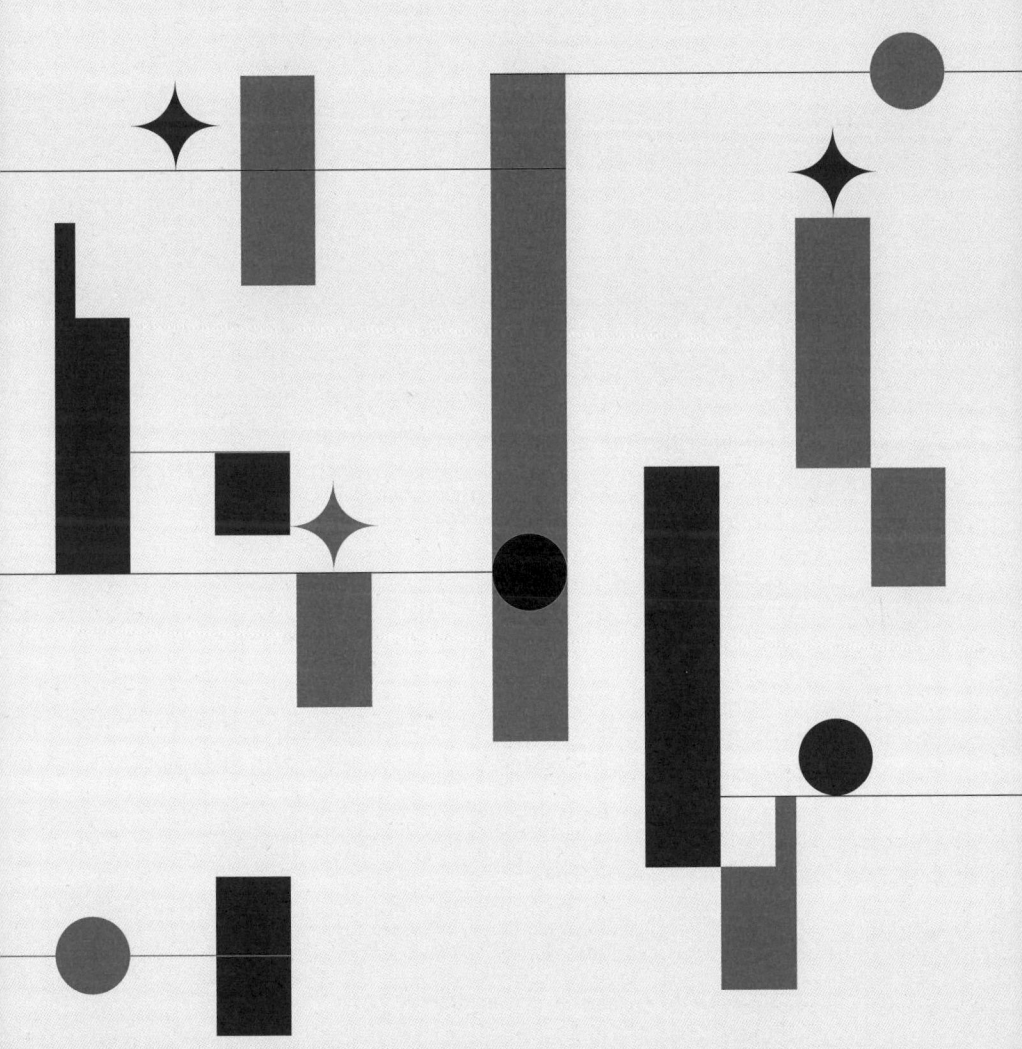

시간을 잃다:
교대 근무가 앗아간 것

계획조차 세울 수 없는 시기가 내게도 있었다. 지금은 이렇게 인생의 주도권을 만들어 가는 방법에 대한 이야기를 하고 있지만 말이다.

나는 3교대 간호사로 커리어를 시작했다. 다음 달 스케줄이 나오기 전까지는 친구들과의 약속 하나 마음대로 정할 수 없었다. 스케줄이 나오면 내가 신청한 휴일이 반영되었는지부터 확인했다. 모든 사람의 희망사항이 반영되기는 어려웠으므로, 어떤 달은 기뻤지만 어떤 달은 한숨을 쉴 수밖에 없었다.

나는 원래 모임을 만들고, 사람들을 모아 일을 만들기를 좋아했다. 그런데 상황이 이러하다 보니, 나는 어느새 친구들 사이에서 '깍두기'가 되어 있었다. "일단 그 날 만나는 걸로 하자. 나는 스케줄이 되면 가고, 아니면 못 갈 것 같아."라며 온전히 발을 들이지도, 빼지도 못한 어정쩡한 대답을 남길 수밖에 없었다. 이런 일들이 이어지면서 적극적으로 약속을 잡고 싶은 마음도 점점 사그라들었다. 포기가 여러 번 이어지니 성격까지 바뀌는 것 같았다.

더 심한 경우도 왕왕 일어났다. 갑자기 근무 스케줄이 바뀌는 것이다. 이를테면 내일 쉬는 날이라서 놀 계획을 다 세웠는데, 갑자기 내일 출근할 수 있냐는 연락을 저녁에 받게 된다. 동료 중 한 명에게 갑자기 문제가 생긴 경우, 누군가 대신 출근해야 하기 때문이다. 반대로 출근을 하려고 준비를 마쳤는데, 갑자기 쉬라는 연락을 받기도 한다. 환자 수가 갑자기 적어지면 발생하는 일이다.

교대근무를 한다고 하면 사람들은 밤낮이 바뀌어 잠을 제대로 못 자는 것을 안쓰럽게 여긴다. 물론 그런 신체 리듬의 어려움도 당연히 있다. 그러나 그들이 모르는 게 있다. 자신의 시간을 스스로 계획하지 못하고, 이미 정해진 스케줄도 언제든 바뀔 수 있는 환경 때문에 '계획 하는 법'을 잊어버리고 말았다. 계획하는 법을 잊어버린 나는 내일이 없는 것 처럼 살게 되었다. 이것이 가져오는 여파는 밤낮이 바뀌는 것만큼이나 묵직했다.

교대근무 스케줄에는 아무런 규칙이 없다. 그러다 보니 뭔가를 배우기도 쉽지 않았다. 예를 들어 영어학원을 다니고 싶었지만 월수금 8시 수업반을 등록할 수가 없었다. 지금이야 온라인 강의도 많고, 횟수권으로 등록을 하는 등의 다양한 결제 방식이 있지만 2009년에는 그렇지 않았다. 영어도 피아노 학원도, 요가도 마찬가지로 요일과 시간을 정해야 하니 등록할 수가 없었다. 여기저기 두드려 봤지만 등록이 어렵다는 대답을 듣기를 여러 번, 그 이후에는 점점 알아보는 것도 하지 않게 되었다.

이렇듯 교대근무가 내게 준 악영향은 성장 욕구를 조금씩 포기하게 된다는 것이었다. 그리고 급기야 뭘 해보고 싶다는 생각 자체가 희미해졌다. 친구들과의 약속도 미리 확정할 수 없고, 배우고 싶은 것이 있어도 정기적으로 시간을 내기 어렵고, 신체 리듬까지 바뀌어 내 시야는 점점 좁아져 현재만을 생각하게 되었다. 당장 다음 달 스케줄이 나오기 전까지는 내 시간을 스스로 계획할 수가 없는데, 어떻게 더 먼 미래를 그릴 수 있었을까. 자연스럽게 나는 쇼핑, 네일아트, 마사지, 해외여행 같은 것처럼 지금 당장의 감각적 기쁨에서 일상의 만족을 찾게 되었다.

지금에 와서야 보이는 것이지만, 이런 상황일수록 나를 지켜주는 작은 습관이 있었으면 좋았을 것이다. 그런데 아마 그마저도 쉽지 않았을 것이다. 왜냐하면 루틴을 만들기 위해서는 고정된 시간과 장소를 정해두어야 효과적인데, 그게 불가능한 상황이었기 때문이다. 예를 들어 '아침에 일어나면 침대에서 스트레칭을 해야지' '밤 10시에 씻고 소파에서 책을 10분만 봐야지'라며 무엇을, 언제,

어디서 할 것인지를 정해두는 것이다.

　그런데 교대근무자는 밤이 아닌 아침에 잠자리에 들 수도 있다. 밤 10시에 내가 어디서 무엇을 하고 있을지 매번 다를 수도 있다. 이렇게 일상이 들쭉날쭉하다 보니, 작은 계획도 루틴을 만들기가 어려웠다. 일상의 사소한 성취도 만들어 나가기 어려운데, 내일을 계획하기는 당연히 힘들었던 것이다.

　20대 중반, 대학교를 갓 졸업해서 사회 생활에 익숙해지기도 버거운 때였다. 그러니 나를 돌보는 계획적인 삶? 그런 내공이 내게 있었을 리가. 계획하는 법을 잊어버린 줄도 모르고 그냥 사는 대로 생각하던 시기였다.

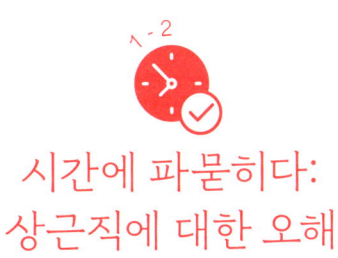

시간에 파묻히다:
상근직에 대한 오해

5년의 교대근무를 끝내고, 상근직으로 부서 이동을 했다. 드디어 규칙적인 생활, 주말이 있는 삶을 살 수 있다니! 옮긴 부서에서 하는 주요한 업무는 환자들이 예기치 않은 의료 과실을 겪지 않고, 안전하게 치료받을 수 있는 의료진의 업무 시스템을 설계하는 일이었다. 운이 좋게도 이 일은 나와 잘 맞는 편이었다. 일이 어렵거나 일이 많아도 견뎌낼 수 있는 힘을 주었다. 이 부서에서 일하는 6년 동안 많은 것을 배웠고, 지금 내가 독립해서 일하는 데에도 유용한 자양분이 되고 있다.

결론적으로는 감사한 기간이긴 하나, 그렇다고 해서 고충이 없었을 리 없다. 규칙적인 생활과 주말은 여전히 내 것이 아니었다. 장기간 이어진 야근과 주말 출근으로 그 시간을 거의 활용하지 못할 때가 많았던 것이다. 심지어 그때 사귀던 남자친구와 이별할 시간도 없어서 일요일에 출근한 나를 찾아 그가 병원으로 와서야 이야기를 나누고 헤어질 수 있었다. 웃픈 이야기다.

그렇게까지 야근과 주말 출근을 했던 이유는 실제로 일이 많아서도 있지만, 100% 그 이유만은 아니었다. 우선 현장에서 프로세스 개선이 필요한 일이 생기면 그 일이 즉시 우선순위가 되는 업무적인 특성이 있었다. 이미 일이 포화상태이지만 새로운 일이 생기면 그것부터 들여다 봐야 하는 것이었다.

그 외에는 많은 직장인들이 공통적으로 겪는 어려움이었다. 첫째, 회의가 많기도 하고 진행 시간도 길어서 책상에 앉아 실질적으로 업무를 처리할 시간 자체가 부족했다.

그 다음으로는 보고 라인이 복잡해서 하나의 안건을 보고하려면 적어도 두 번, 많으면 네 번까지도 같은 내용을 보고해야 하는 점이었다. 보고할 때마다 의견이 추가 또는 수정되니, 하나의 안건에 매달려야 하는 시간이 두 배에서 네 배로 늘어나는 셈이었다.

게다가 격식을 차려 준비해야 할 회의가 많았다. 그래서 회의 내용뿐 아니라 도시락 주문과 각을 맞춘 세팅, 테이블 배치, 참석자 연락, 회의 자료 출력과 같은 부수적인 업무가 잡아먹는 시간도 만만치가 않았다. 특히나 이렇게 본질과 거리가 먼 일로 에너지를 많이 쓰게 된 날에는 허무함이 밀려왔다. 그 외에도 조직문화로 생기는 회색존 시간까지⋯. 근무 시간을 좀먹는 이유를 더 나열할 수도 있지만 이정도로 줄이겠다.

상근직에서 느끼는 가장 큰 고통은 퇴근 후에도 업무를 하고 있는 것 같은 머리 상태였다. 교대근무를 할 때는 인수인계를 하고 퇴근을 하면 회사 일이 그리 많이 생각나지 않았다. 그런데 상근직이 되고서는 퇴근을 해도 끝내고 오지 못한 일들로 머리가 개운하지 않았다. 그러니 제대로 회복하지 못해 번아웃이나 매너리즘에 빠지기도 했다.

몇 번의 번아웃을 겪으며, 나는 나를 보살필 방법을 강구하기 시작했다. 퇴근 후에 하고 싶은 한 가지를 정해서 해보기로 한 것이다. 한때는 열심히 헬스장으로 퇴근했다. 운동을 하고, 헬스장에 있는 탕에 몸을 담그면 회사에 있었던 시간이 어제처럼 아득하게 느껴졌다. 퇴근 후, 운동을 했는데 피곤하기는커녕 오히려 새로운 하루가 시작된 것처럼 힘이 솟았다.

또 한때는 스윙댄스에 빠져서 즐거운 저녁 시간을 보내기도 했고, 퇴근 후 간단한 요리를 해 먹는 것에 재미를 붙인 적도 있었다. 그때 살던 집 근처에 큰 재래시장이 있었기 때문에, 퇴근 후 장을 봐서 요리를 한 후 예능을 보며 저녁을 먹는 시간이 큰 즐거움이었다. 저녁을 잘 보내게 되니 아침 시간도 점점 달라졌다. 조금 일찍 출근해서 책을 보기도 하고, 오늘의 할 일을 적어보게 되었다.

업무 외 일상에 생기가 돌기 시작하니 고개를 처박고 책상만 보던 시야에서 조금씩 고개를 들어 주변을 살펴볼 수 있게 되었다. 그러던 중 간단한 수술로 3박 4일 입원을 했던 것이 더 넓은 세상을 보는 기폭제가 되었다.

시간을 선택하다
: 내 시간 주도적으로 가꾸기

2017년 6월, 입원실에 누워있을 때 남편이 유튜브를 보여줬다. 그때 유튜브를 처음 본 나는 아주 빠르게 그 세계로 빠져들었다. 대학을 졸업하고 좋은 회사를 들어가 열심히 일하다가 결혼하는 것과 같이 일반적인 삶의 경로만 생각하던 나에게 유튜브 세상은 큰 충격이었다. 다양한 삶의 방식으로 너무도 즐겁게 자신의 일을 펼치고 있는 유튜버들이 무척 많았던 것이다. 나도 유튜브 영상을 찍고 싶다는 충동이 강하게 들었다.

회사에서 적성에 맞는 일을 하면서 나름 즐겁게 일하고 있었지만, 사실 해소하지 못한 깊은 갈증이 있었다. 내가 한 일에 내 이름을 남길 수 없다는 것, 승진을 하더라도 업무 주도권을 온전히 내가 가질 수 없다는 점이었다. 반면 유튜브에 영상을 올리는 것은 내 이름으로, 내가 온전히 주도해서 할 수 있는 일이라는 것을 직감적으로 느꼈다. 퇴원을 하고 바로 간단한 영상 편집을 배워서 첫 영상을 업로드 했다. 유튜브라는 것을 처음 본 후, 보름도 안 되어 일어난 일이었다. 내 인생이 방향을 틀기 시작했다.

2019년 4월 퇴사를 할 때까지도 유튜브 영상을 열심히 업로드 했다. 호기심으로 시작한 것을 취미 생활의 즐거움으로 유지했고, 점점 내 이름을 걸고 일하는 삶을 꿈꾸게 되었다. 회사 업무를 열심히 하면서 일주일에 이틀씩 대학원을 다니는 와중에 유튜브 채널을 운영하는 것은 쉽지 않았지만, 그 자체가 너무도 재밌어서 놓치고 싶지 않았다. 체력적으로도 쉽지 않았고, 절대적인 시간 자체가 부족했기 때문에 자연스럽게 시간관리에 더 많은 관심을 기울이게 되었다.

시간을 분 단위로 촘촘하게 나눠 계획도 세워보았지만 꾸준히 하기가 어려웠다. 또한 하루에 많은 것을 하려다 잠을 제대로 자지 못해 다음 날 피곤하거나, 오히려 과하게 세운 계획에 압도되어 미루기도 했다. 특히 대학원 시험이나 과제에 유튜브까지 병행해야 할 때는 더욱 그랬다.

나에게는 간단하고 유동적인 계획법이 더 잘 맞았다. 처음에는 퇴근 후 할 것 딱 하나만 정해서 했다. '오늘은 대학원 과제만 해야지' '오늘은 유튜브만 해야지' '오늘은 친구들과 약속이 있으니 거기에만 집중해야지' '오늘은 야근을 해야 하니 다른 것은 마음을 내려놓아야지'와 같이 여러 가지 중 하나만 선택했다. 할 일을 선택하니 하지 않을 일도 분명해졌다. 그러니 오히려 하루에 하나를 깊이 있게 할 수 있었고, 성과도 있었다. 나는 이 방법으로 회사를 다니는 동안 유튜브를 구독자 1만 채널 이상으로 키웠고, 최대 조회수 70만 회를 넘기는 영상도 만들 수 있게 되었다.

퇴근 후 하나의 주제만 선택해서 집중하는 방식이 효과를 보이자, 나는 이것을 하루 전체에 적용하기 시작했다. 업무 시작하기 전, 오전 업무, 오후 업무, 퇴근 후. 시간을 타임 블럭으로 구분하고, 각 블록에 큰 주제를 잡고 시간을 계획했다. 이 방법은 퇴근 후뿐만 아니라 업무에도 도움이 되었다. 지금 해야 하는 업무의 목표가 명확해지면서 더욱 몰입하고, 우선순위를 조정할 수 있었다.

퇴사를 결심한 후에도 시뮬레이션을 해 보았다. 퇴사 후의 시간을 잘 보낼 수 있는지 궁금했기 때문이다. 주말과 함께 이틀 정도의 연차를 써서 나흘 동안 퇴사한 것처럼 생활해 보았다. 하루를 오전, 오후, 저녁으로 나누어 할 일을 배정하고 계획대로 실천할 수 있는지를 확인했다. 계획이 잘 지켜진 날도 있었고, 날씨가 좋으면 그냥 나가 놀게 된 날도 있다. 그래서 이와 비슷한 방법으로 몇 번 더 테스트도 해보며 퇴사를 준비했다. 나름 준비가 되었다고 생각했지만, 자유 시간을 잘 활용하는 것은 쉽지 않은 일이었다.

나의 이름으로 혼자 일한 지 벌써 6년이 되었다. 6년 동안 혼자 일하며 성공하거나 사라지는 사람을 보며 깨달은 바가 있다. 점점 발전하는 사람과 어느새 사라지는 사람의 차이는 똑똑함보다는 자기 관리 능력에 있었다. 자기 관리력이 부족한 똑똑함은 빛을 지속하기 어렵다는 것이 그들이 보여준 공통점이었다.

여기에서 자기관리의 의미는 매우 포괄적이다. 삶과 일의 방향성을 생각하는 것, 운동을 하는 것, 마음을 가다듬는 것, 귀찮음을 다스리는 것, 상대를 배려하는 여유를 갖는 것, 지치기 전에 휴식을 취하는 것, 오늘 할 일을 파악하는 것 등이다. 이것은 따로 관리해야 하는 것이 아니라, 자신이 어떻게 시간을 쓰는지 들여다 보면서 메타인지를 키우면 서로 연결되어 동시에 성장하게 된다.

시간을 스스로 활용하는 법은 누구에게나 필요하다. 그리고 그 능력치에 따라 삶의 질도 달라진다. 시간을 잘 활용하는 법을 익히면 혼자서 일하는 사람은 평정심을 유지하며 꾸준한 성과를 낼 수 있을 것이고, 팀에 속한 사람은 약속을 지키는 예측 가능한 사람, 협업하고 싶은 사람으로 평가받을 것이다.

더 중요한 것은 일하지 않는 시간도 만족스럽게 보낼 수 있게 된다는 것이다. 시간을 잘 다룰 줄 알면 일을 잘 하는 사람만이 아니라 잘 사는 사람이 될 수 있다.

가장 대표적으로, 다양한 역할 사이의 밸런스를 조율하는 힘을 키울 수 있다. 직업인, 부모, 자식, 배우자, 친구 등 우리가 맡는 역할은 다양한 반면 시간과 체력은 한정되어 있다. 시간을 잘 쓰면 '그때 너무 일에만 파묻혀 살았어. 아이들과 시간을 더 많이 보낼걸' '그때 은퇴 준비를 좀 더 해둘걸…'과 같은 후회를 할 확률이 줄어든다.

그리고 미래를 위해 참아야 할 것과 지금을 즐겨야 할 것도 더 잘 구분할 수 있다. 지금 자신이 어떤 상황에 놓여 있고, 어디로 가고 있는지 파악하는 것이다. 그러니 밖에서 답을 구하느라 방황하는 일이 줄어든다.

게다가 자신의 상태를 민감하게 파악하게 된다. 마치 자주 거울을 보는 사람이 얼굴에 주름이나 잡티가 생긴 것을 바로 알아치리는 것처럼 말이다. 자신의 시간을 관찰하면서 에너지 변화를 빠르게 감지하니 번아웃에 빠지기 전에 휴식을 선택할 수 있다.

교대근무를 하면서 '계획'이라는 단어조차 잊고 살았던 내가 지금은 시간관리 콘텐츠를 만들고, 수많은 사람들과 루틴을 실험하며 계획을 세우고 실천하는 법을 함께 나누고 있다. 또한 내가 바라는 방향으로 삶을 굴리고 있다고 느껴진다. 분명하게 경험한 변화다. 시간을 다루는 능력이 커지는 것과 비례해서 인생의 행복도가 올라갔다. 시간을 다루는 능력이라는 것은 머릿속 생각과 현실, 계획과 실천의 간격을 좁히는 것이기 때문이다.

계획형 인간이 아니라도 누구나 계획적으로 살 수 있다. 내가 겪어온 과정이 이를 증명한다. P형 인간인 데다가 교대근무로 삶의 주도성을 잃었던 내가, 체력보다 마음이 항상 더 커서 벌인 일을 수습하지 못하던 내가 변했다. 24시간을 혼자 온전히 운영하면서 돌이 된 아기를 키우고 책도 쓰면서 루틴을 이어가고 있다.

계획보다는 일단 행동하는 것이 중요하다는 말을 많이 듣는다. 반은 맞고, 반은 틀리다. 일단 실천하는 것으로 시동이 걸릴 수는 있다. 그러나 실천하는 힘만으로는 더 멀리, 더 옳은 방향으로 가기는 어렵다. 좋은 계획을 세우는 능력을 갖춰야 우리는 힘도 덜 들이고 더 꾸준히, 더 좋은 방향으로 나아갈 수 있다. 이것이 당신에게 '계획력'이 필요한 이유다.

계획력을 제대로 키운다면 더 이상 의지력이나 실천력을 탓하지 않게 될 것이다. 그럼 이제 본격적으로 시작해 보자.

CHAPTER 2

당신의 계획은
왜 문제일까?

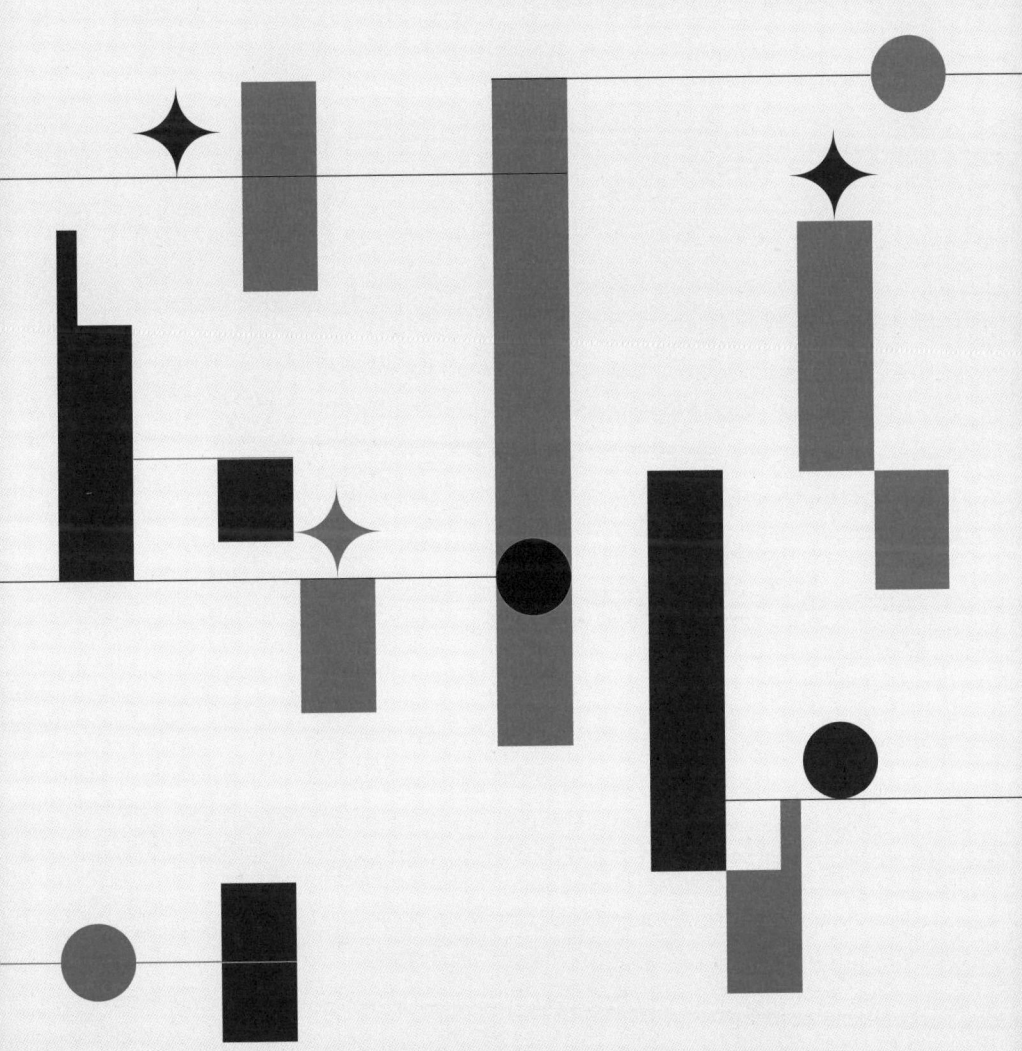

할 수 있다는
감각 깨우기

"언제까지 지각할 거야? 이런 걸로 이야기하는 건 서로 힘들 잖아."

서른이 넘은 나이에도 이런 경고를 듣고 있다니…. 스스로가 한심했지만, 그렇다고 쉽게 고쳐지지도 않았다. 상근직 근무를 3년 정도 했을 때였다. 아침이 되면 가능한 오랫동안 이불 속에 웅크리고 있다가, 진짜로 늦겠다 싶은 순간에야 겨우 일어나 허둥지둥 씻고 택시를 잡아타는 게 하루의 시작이었다.

운이 좋으면 출근시간에 딱 맞게 사무실 문을 통과했지만, 택시가 한 번만 신호에 걸리거나, 엘리베이터가 늦게 오기라도 하면 딱 5분씩 늦게 도착하곤 했다. 사무실은 원망스러울 만큼 키보드 소리만 조용히 들렸다. 내가 늦은 걸 아무도 몰랐으면 하는 마음과는 달리, 겉옷을 벗고 가방을 내려놓는 소리는 왜 이리 크게 들리는지 심장이 쿵쾅거리고, 혹시나 한 마디 듣지는 않을까 눈치를 살피며 자리에 앉았다. 스스로가 너무 볼품없이 느껴졌다. 기본도 지키고 있지 못하다는 것을 스스로도 알았기 때문이다.

드디어 부서장님이 경고했다. 봐주다가 말씀하신 것일 테다. 이런 데까지 신경을 쓰이게 해서 죄송한 마음이 들었다. '초등학생도 아니고 이런 걸로 주의를 듣다니…' 낯뜨거웠다. 그런데 이상하게도, 그 부끄러움이 행동을 바꾸지는 못했다. 아침이 되면 또 다시 침대에 붙잡힌 사람처럼 몸이 말을 듣지 않았다. 머리로는 일어나야 한다고 수십 번 외치는데, 몸은 전혀 꿈쩍할 수 없었다.

이런 아침이 적어도 두 달 정도는 지속되었다. 실패로 하루를 시작하는 것, 매일 아침 부끄러움을 느끼는 것이 루틴이라니! 조금씩 부끄러움과 함께 스스로에 대한 불신도 쌓였다. '나는 원래 이런 사람이야' '내가 하기는 뭘 해' '애초에 기대하지 말자' 라는 생각으로 내 안의 빛이 사그라들고 있었다.

지금 돌아보면 그건 단순한 게으름이나 나약함의 문제만은 아니었다. 그냥 수면 위로 떠오른 증상일 뿐이었다. 잦은 야근과 주말 출근, 업무에 대한 압박, 조직문화의 어려움, 퇴근해도 쉬지 못하는 날이 쌓여 내 삶은 회복력을 잃고 있었다. 머리와 몸이 따로 놀고, 그 차이만큼의 패배감이 나를 휘감고 있었다.

그런데 그로부터 반년쯤 지났을까? 나는 출근시간 30분 전에 사무실에 도착해 커피 한잔 내려 마시며, 책 읽는 시간을 즐기게 되었다. '갑자기?'라며 작위적으로 느낄 독자들의 마음도 충분히 이해한다. 그렇지만 드라마 같은 반전을 오히려 희망으로 여겨주었으면 한다. 사실이니까 말이다.

얕은 무기력을 일상에 깔고 생활하는 사람들은 생각보다 흔하다. 2025년 서울대 건강문화사업단이 발표한 결과에 따르면 일상에서 우울감을 경험하는 국민이 매년 증가하여 2025년에는 약 50%에 달하는 것으로 나타났다. 많은 사람들이 일시적이든 만성적이든 얕은 무기력감을 느끼며 일상을 보내고 있다는 의미이다. 그 익숙한 우울의 존재감은 희미하게, 하지만 분명하게 우리 곁에 자리해서 활력을 좀먹는다. 그 틈으로 사회의 불만, 스스로에 대한 불신, 두려움과 포기 같은 것들이 자리한다.

당시의 내 일상을 돌아보면 아침만이 문제가 아니었다. 아침의 망조는 전날 저녁부터 시작되었다. 야근을 하고 집에 오면 바로 침대에 쓰러지듯 누웠다. 자취방에서는 침대가 곧 소파고, 쿠션이고, 의자였다. 그렇게 멍하게 누운 채 잠이 들었다가 새벽 2~3시쯤 다시 일어나 씻고, 불을 끄고 잤다. 이것부터 멈추고 싶었다.

그래서 퇴근하며 한 가지만 마음을 먹었다. 집에 가면 바로 샤워를 하겠다고 말이다. 물이란 참 신기한 존재다. 몸만 씻기는 게 아니라 기분도 같이 씻어 내려갔다. 샤워를 하고 나오면 불과 1시간 전 회사에 있었던 것이 어제처럼 느껴졌다. 단지 샤워만 했을 뿐인데 피곤한 기분, 회사에서 겪은 일들의 잔상까지 같이 씻겨 내려갔다. 편안하게 쉬고, 하루를 단정히 마감할 수 있게 되었다.

바뀐 저녁은 다음 날 아침의 기분에도 영향을 주었다. 눈 뜨기 싫다는 생각이 들지 않는 것이다. 갑자기 '와! 새로운 하루가 시작되었어!' 정도는 아니었지만, 무념무상 몸을 일으켜 화장실로 들어갈 수 있게 되었다. 집에 도착하자마자 샤워를 하는 작은 행동이 나의 저녁과 그 다음 날 아침을 바꾸고 있었다.

택시가 잡히지 않아 불안과 짜증으로 시작했던 아침이 버스를 기다리며 하늘을 보는 아침으로 바뀌었다. 조용한 사무실에 길고 양이처럼 잠입하던 아침이 "좋은 아침이에요!"하고 인사하는 아침으로 바뀌었다. 내 지각을 애써 못 본 척하던 동료들도 "오늘 기분 좋아 보이네!"라며 인사하는 아침으로 바뀌었다. 급하게 컴퓨터를 켜며 시작하던 아침에서 오늘 할 일을 적어보며 우선순위를 뽑아보는 아침으로 바뀌었다. 그렇게 바뀐 아침은 스스로에 대한 불신을 조금씩 털어내 주었고, 마침내 '어? 나 요즘 조금 괜찮은데?'하는 기분 좋은 발견으로 바뀌었다.

'내일은 진짜 지각하지 말아야지'하고 문제 행동에만 집중했다면, 나의 변화는 더뎠을 것이다. 아침에 30분 일찍 출근해서 책을 읽겠다는 마음부터 먹었다면 이상과 현실의 격차에 좌절하는 날이 더 많았을 것이다. 퇴근하면 바로 샤워를 한다는 아주 쉬운 변화 하나가 나를 다시 정상궤도로 돌려 놓았다

'내가 할 수 있을까?' 의심 위에 세운 계획은 실패를 부른다. 연이어 실패를 하게 되면, 그 다음은 없다. 아예 마음조차 먹지 않게 되는 것이다. 이렇게 자기 신뢰는 조금씩 닳아간다. 이런 상황에 있다면 '내가 해냈다'고 느끼는 순간을 만드는 것이 가장 필요하다. 이 감각이 있어야 다시 시작할 수 있다. 이것이 아주 하찮은, 아주 해내기 쉬운 작은 계획을 세워야 하는 이유다.

서른이 넘어 지각하는 걸로 혼나던 내가 30분 일찍 출근해 독서 시간을 즐기게 된 것의 그 시작은 샤워다. '샤워를 하기로 했는데, 해냈군! 하하!'하며 스스로를 인정하는 감각이 깨어나면서부터 변화가 시작되었다. 자기를 믿는 힘이 쪼그라들어 있다면, '나 좀 괜찮은데?' '나 다시 해볼 수 있겠는데?'하는 감각을 깨우는 것이 급선무다. 이것이 모든 것을 가능하게 한다.

당신도 얕은 무기력감에 시달리는가. 지켜지지 않는 계획에 진절머리 나고, 때때로 다시 힘을 내서 앱도 깔아보고, 다이어리도 새로 사지만, 며칠 못 가고 다시 내려앉는 느낌. 매일 아침이 너무 버겁고, 하루를 시작하기도 전에 이미 '오늘 또 안되겠지'하는 마음이 먼저 드는 날들. 이것이 당신의 하루인가. 무기력감에 잠식되

어 있다면 변화는 더 작은 차원에서 시작되어야 한다.

아주 작은 것을 해내고, 충분한 기쁨을 느끼는 것부터 시작하자. 나를 믿는 힘을 다져두면 무엇이든 가능하니 말이다. 나 또한 지치고 흔들릴 때, 이 자리로 다시 돌아온다. 스스로를 믿는 힘이 차오르면 다시 도약할 수 있기 때문이다.

불편한 듯, 불편하지 않은 듯 익숙해진 얕은 무기력을 얕보지 않기를 바란다. 당신의 하루에는 활력이 깃들 여지가 아직 남아 있다. 무엇이든 좋다. 하고 나면 기분이 좋아지는 아주 작은 습관을 하나 정하자. 그리고 그걸 해보자, 바로 오늘.

기분이 좋아지는 작은 습관 정하기

☑ 퇴근 후 바로 샤워하기
☑ 커피 마시며 오늘의 마음가짐 한 문장 적어보기
☑ 사무실 들어오며 '좋은 아침!' 인사하기
☑ 점심 가볍게 먹기
☑ 지하철 한 정거장 먼저 내려 걷기
☑ 지하철역에서 집까지 걸어오며 핸드폰 보지 않고 하늘 보기

오늘 당장 달라질 수 있는
계획의 기본 공식

몇 년 전 방송된 SBS 다큐멘터리 〈I ROBOT – 내 아이가 살아 갈 로봇세상〉에 나온 장면이다.

아들: 잼을 식빵에 문질러서 발라야 해요.

아빠: (뚜껑을 열지 않은 잼 병을 식빵 면에 문지른다.)

아들: (답답해하면서) 아니에요! 아빠, 잼 뚜껑을 열어야죠!

아빠: 난 그냥 말한대로 하는 거야.

아들: (화를 참으며) 식빵 한 쪽을 잡고 땅콩 잼이 묻어있는 버
       터 칼로 식빵 위에 바르는 거예요.

아빠: (빵의 면이 아닌 모서리 윗부분에 땅콩 잼을 바른다.)

아들: (몹시 답답해한다)

아빠: 여기가 맨 윗부분이잖아.

아빠: 아니, 식빵 면에 바르라는 거죠! 아빠랑 안 해요! 잼 어떻
게 바르는지 알고 있잖아요! 왜 이렇게 해요!

결국 아들이 폭발하는 웃음 포인트로 실험이 마무리된다. 이
실험은 샌드위치 만드는 과정을 논리적으로 세분화해서 아이들이
설명하는 것으로, 코딩의 원리를 깨우칠 수 있게 알려주는 훈련이
라고 한다.

이 장면은 우리가 얼마나 많은 부분을 압축해서 생각하고, 생
략해서 말하고 있는지를 보여준다. 그러나 사람과는 달리 기계는
아주 정확하고, 명확한 지시를 입력하지 않으면 제대로 작동하지
않는다. 로봇으로 빙의한 아빠가 잼을 엉망진창으로 바른 것처럼
말이다.

이 장면을 보든데 문득 이런 질문이 떠올랐다. '계획을 세운다
는 것도 코딩과 똑같은 게 아닐까?' 코딩이 컴퓨터에게 무엇을, 언
제, 어떻게 하라고 알려주는 절차라면 계획은 나 자신에게 무엇을
언제, 어떻게 하라고 알려주는 일인 것이다. 그렇다면 내가 세운 계
획은 스스로 이해하고, 올바로 행동할 수게 만드는 형태일까 돌아
볼 필요가 있다. 혹시 나도 '잼 뚜껑을 열지 않고 비비는' 식의 부정
확한 지시를 스스로에게 계속 내리고 있었던 건 아닐까?

⊘ 육하원칙에 따라 계획하기

스스로에게 명확하게 코딩하는 가장 쉬운 방법은 육하원칙에 따라 계획하는 것이다. '누가' '언제' '어디서' '무엇을' '어떻게' '왜', 이 여섯 가지의 기준에 맞춰서 세운 계획은 정교한 코딩과 같아진다. 그리고 정교한 계획은 실천력으로 이어진다.

워킹맘 지현은 매일 아침 스트레칭을 하겠다는 계획을 세웠다. 피로가 쌓여 어깨가 뻐근했고, 아침마다 몸이 무겁게 느껴졌기 때문이다. 하지만 다짐만 했을 뿐, 막상 아침이 되면 스트레칭은 생각도 나지 않거나, 생각이 나더라도 마음이 바빠서 3분도 차분히 집중할 수가 없었다. 나는 지현에게 이 작은 계획을 육하원칙에 따라 다시 계획해 보기를 권했다.

☑ **누가?** 내가

☑ **무엇을?** 스트레칭을

☑ **언제?** 아침에 일어나자마자

☑ **어디서?** 침대방 커튼을 걷고, 창문 앞에 서서

☑ **어떻게?** 유튜브 영상을 틀지 않고, 천천히 호흡하며 목과 어깨와 발목 그리고 허리 돌리기 정도로 시작

☑ **왜?** 정신없이 하루를 시작하는 것이 아니라, 나만의 5분으로 하루를 시작하고 싶어. 그리고 요즘 일어나면 관절이 뻣뻣하게 느껴져.

이렇게 육하원칙에 따라 스스로 답을 써 보니, 그녀의 계획은 더욱 정교해졌다. '아침에 스트레칭 해야지'에 불과했던 단순한 계획이 '내일 아침 6시 20분에 알람이 울리면 커튼을 걷고 그 자리에 서서 심호흡을 천천히 한다. 5분 동안 어깨, 손목, 발목, 허리를 돌리며 뻣뻣해진 관절을 푼다. 아이를 깨우기 전, 5분만이라도 나의 시간을 가질 거야'라고 구체화되었다. 그리고 그 다음 날 지현은 실제로 자연스럽게 5분 스트레칭에 성공했다.

육하원칙에 따라 계획을 세우는 것의 가장 큰 장점은 계획이 현실성을 갖는다는 점이다. 누가, 무엇을, 언제, 어디서, 어떻게, 왜 할 것인지에 대한 질문에 답을 하면서 실천 가능한 구체적인 방법을 찾게 되기 때문이다. 아주 조금 더 시간을 쓰고 머리를 굴리는 것으로, 더 지키기 쉬운 계획을 세울 수 있다.

육하원칙 계획의 두 번째 장점은 생생한 시각화다. 여섯 가지 기준에 따라 답을 찾아나가는 과정에서 이미 그것을 하고 있는 자신의 모습을 상상하게 된다. 따라서 자연스럽게 이미지 트레이닝을 하게 되고, 이는 실천력에도 긍정적인 효과를 미친다.

시각화한 계획은 그렇지 않은 계획보다 실행 확률이 높다. 실제로 이미지 트레이닝이 국가대표 운동선수들의 훈련 방법 중 하나라는 건 널리 알려진 사실이다. 많은 연구 결과에서 시각화는 운동선수들에게 객관적인 성과, 운동 빈도, 주의 집중, 긴장감, 자신감

등 광범위하게 유익한 결과를 가져온다고 공통적으로 말한다.

프리랜서 디자이너 준수는 업무 루틴을 유지하기가 어려웠다. '아침에 일어나면 커피 한 잔하고 일 시작해야지. 적어도 9시에는 책상에 앉는다!'라고 마음 먹었지만 늘 10시, 11시가 되어서도 책상에 앉지 못하게 되는 날이 많았다고 한다. 이 악순환을 끊기 위해 준수는 육하원칙에 따라 구체적으로 계획해 보았다.

☑ **누가?** 내가
☑ **언제?** 오전 9시 커피를 내린 후
☑ **어디에서?** 책상에 앉아
☑ **무엇을?** 노란 노트를 펼친다.
☑ **어떻게?** 날짜를 적는다. 오늘 해야할 일을 적고, 그중 가장 중요한 3가지에 형광펜으로 표시한다. 그리고 가장 먼저 시작해야 할 일에 '시작'이라고 적는다.
☑ **왜?** 매일 오전 9시, 차분한 상태로 하루 업무에 바로 몰입하고 싶기 때문이다.

준수의 계획을 함께 읽고 있는 독자들도 커피를 가지고 와서 책상에 앉아 노란 노트를 펴는 그의 모습이 떠오르지 않는가? 할 일을 쓰는 모습을 함께 머리 속에 그리며 마음이 차분해지지 않았는가? 마찬가지로 그도 육하원칙에 따라 계획을 상세화하는 동시에 그 장면이 선명하게 그려졌다고 했다. 책상 위의 노란 노트, 오전의 햇살과 공기, 의자에 앉아 펜을 드는 자신의 모습까지.

실제로 준수는 이미지가 떠오르니 훨씬 쉽게 행동으로 옮겨졌다고 말했다. 9시에 커피를 들고 책상에 앉아 노란 노트를 펼치는 본인을 상상하니 진짜 할 수 있을 거란 생각이 들었다며, 다음 날 아침 책상에 앉아 노란 노트를 펼치는데, 이미 해본 장면처럼 익숙하게 느껴졌다고 했다. 이제는 9시, 커피, 노란색 노트, 할 일을 적는 습관이 자신의 집중 스위치가 되었다며 앞으로는 뭐든 해내고 싶은 것이 있으면 육하원칙에 따라 구체화하고, 이미지 트레이닝을 즐길 것이라는 말도 남겨 주었다.

육하원칙 계획의 세 번째 이점은 행동의 '의미'를 인식하게 된다는 것이다. 우리는 할 일을 왜 해야 하는지 잊곤 한다. 왜 이걸 해야 하는지가 스스로 설득되지 않은 계획은 쉽게 흔들린다. 이유가 납득되어야 행동을 지속할 수 있다.

직장인 수연은 마케터다. 야근이 잦았고, 퇴근을 하면 녹초가 되었다. 일을 마친 후에는 소파에 털썩 주저 앉아 그냥 스마트폰을 보고 있었는데 문득 이런 생각이 들었다고 한다. '오늘 하루 중에 일 말고 다른 것을 즐기는 순간이 있었으면 좋겠다!' 하고 말이다.

수연은 작은 계획을 육하원칙에 따라 적어보았다. '오늘 퇴근하는 지하철에서 재미있는 소설 오디오북을 들을 거야. 소설을 좋아하는데 소설책을 읽지 못한 지 꽤 됐잖아? 하루를 일하는 걸로 끝

내고 싶진 않아.'

육하원칙에 따라 계획을 세우면서 '왜' 라는 질문에 답하는 순간, 수연은 이 행동의 의미를 분명하게 자각하게 되었다. 이건 단지 독서를 위한 오디오북 듣기가 아닌 것이다. 일에만 몰두하던 자신에게 소설을 즐기는 시간을 주는 보상인 것이다. 행동의 의미를 깨닫게 되니 퇴근길 루틴을 꾸준히 이어갈 수 있다고 했다. 수연은 "오디오북을 들을 생각을 하면 퇴근길이 기대가 될 정도예요!"라며 행복하게 웃었다.

'왜'를 생각할 때 유의해야 할 점은, 나만의 이유를 찾아야 한다는 것이다. 이 일이 생겨난 본질적 이유와 이 일을 했을 때 나에게 이득이 되는 것을 생각하는 것이 좋다. 나는 내년 플래너 기획안을 구상할 때, '해가 바뀌어서' '내년에도 출시해야 하니까'와 같이 단순하고 표면적인 이유를 떠올리지는 않는다. 이런 식이라면 육하원칙에서 가장 중요한 요소인 '왜' 를 그냥 버리는 셈이다.

대신에 '지난 번 불편함을 보완한 신상품을 만들고 싶기 때문에, 사람들이 더 자주 꺼내 보고 실천력을 올릴 수 있게 돕는 하는 신상품을 만들고 싶으니까!'와 같이 구체적인 이유를 찾아낸다. '왜'를 잘 세워놓으면 마음가짐이 달라지고, 목적을 달성하는 데 큰 도움이 된다.

몇 가지 예시를 보고, 자신에 맞게 적용해 보길 바란다.

역할	계획 내용	이유의 좋지 않은 예	이유의 좋은 예
대학생	경제학 원론 '국가 예산 해외와 비교하기' 과제	다음 주까지 제출해야 한다.	나라별 예산 우선순위의 차이를 분석하며, 우리나라의 국제적 경제 규모를 파악해 보고 싶다.
인사팀 직장인	하반기 신입사원 교육 기획안 작성	다음 달에 신입이 들어온다.	신입들이 입사 초기에 느끼는 막막함을 줄여주고, 내 경험을 바탕으로 실질적 도움을 주고 싶다.
크리 에이터	이번 주 릴스 콘텐츠 기획	일단 올려야 팔로워 수가 줄지 않는다.	바쁜 사람들에게 작지만 실천 가능한 동기를 전하고, 내 일상도 콘텐츠가 될 수 있음을 보여주고 싶다.
화장품 사업가	여름 신제품 출시 준비	경쟁사도 다 여름 제품을 출시한다.	여름철에도 화장을 포기하지 않도록 돕고, 고객이 "이거 하나면 여름 난다" 고 느낄 만큼의 상품을 만들고 싶다.

　　초등학생도 아는 육하원칙을 일상 계획에 적용했을 뿐인데도 세 사람에게 변화가 찾아왔다. 육하원칙을 통해 계획을 세우는 건 어렵지도 않고, 시간이 더 많이 걸리지도 않는다. 이 작은 기본만 지켜도 우리는 오늘 당장 달라질 수 있다. 육하원칙을 적용하는 순간 당신의 계획은 더 현실적으로 구체화되고, 그 모습이 머리 속에 자연스럽게 떠오를 것이다. 또한 '이걸 해야 하는 이유'까지 끄집어 낸다면 당신의 행동력은 비약적으로 달라질 수 있다.

　　이 간단한 원리만큼은 꼭 체화하기를 바란다. 스스로에게 어중 간한 코딩 값을 입력해 놓고는 자책하지 말자. '이정도는 생략해도 되겠지'라는 마음을 내려놓고, 육하원칙에 따라 더 상세하고 명확하게 계획을 알려주자. 지금 당장 하나를 정해 '누가' '언제' '무엇을' '어디서' '어떻게' '왜'라는 질문을 하나씩 던져보자. 당신의 행동력은 오늘 바로 달라질 수 있다. 해보기만 한다면.

계획은
최소한으로!

"하…. 이번에도 못 지켰네." 계획을 세울 때의 의지 그리고 기대와는 달리 행동력은 처참하다. 할 수 있는 만큼이 아니라, 하고 싶은 만큼을 계획했기 때문이다.

"꾸준하게 하려면 어떻게 해야 할까요?" 강연을 할 때마다 가장 자주 받는 질문이다. 이에 대한 답은 단 한 가지뿐이다. 작게, 더 작게. 계획은 최대한이 아닌 최소한으로 세워야 한다.

많은 사람들이 계획을 세울 때 '이상'을 기준으로 삼는다. 하고 싶은 만큼, 해야 할 만큼의 최대치를 전제로 목표를 정하고 일정을 짠다. 이상적인 미래를 상상하며 최대치의 계획을 세우면 계획을 세우는 순간은 기분이 좋을 것이다. 뭔가 대단한 사람처럼 느껴지고, 이미 그것을 해낸 것 처럼 마음이 부풀어 오른다.

하지만 실행력을 키우고 싶다면 가장 먼저 내려놓아야 할 것이 '이상적인 계획'이다. 그 대신 사소하지만 확실한 계획이 필요하다. 하루 5분, 3분, 1분. 그 정도로도 충분하다. 아니, 그 정도여야 한다. 너무 귀찮은 날에도, 열이 펄펄 끓는 날에도 할 수 있는 수준. 그것이 진짜 꾸준함을 불러오는 계획의 성공 구조다.

계획이 작아지면 성공도 쉬워진다. 성공이 쉬워지면 자주 하게 된다. 자주 하면 루틴으로 자리잡고, 매일 스스로의 힘으로 이어가는 습관은 나에게 안정감을 준다. 또 나를 믿는 단단한 바탕이 된다. 작은 행동으로 만들어진 꾸준함은 쉽게 끊어지지 않는다.

나는 러너를 동경한다. 76세에도 매일 글을 쓰고, 달리는 무라카미 하루키를 좋아한다. 피니시라인을 방긋 웃는 얼굴로 들어오는 러닝전도사 안정은도 좋아한다. 강의를 가기 전에도 한강을 달리는 나의 스피치 선생님의 흥버튼을 좋아한다. 길을 걷다 달리는 사람들을 보면 응원을 보내는 마음이 솟아난다. 임신 중에 내가 가장 하고 싶었던 것도 달리기였다. 숨이 차게 달리고, 시원해지는 기분을 느끼고 싶었다.

그런데 출산 후 달리기는 쉽지 않았다. 근육도 다 빠지고, 관절이 시큰거렸다. 내 이상은 멋지게 달리는 모습이지만 지금은 작은 계획이 필요할 때라는 것을 알고 있다. 출산 후 6개월까지는 걷기부터 시작했고, 8개월이 지난 지금은 1일 1회 달리기를 최소한의 목표로 잡고 있다. 1km 달리기보다, 1분 달리기보다 쉽다. 그저 하루에 한 번만 달리는 것이 목표다.

그리고 그 목표는 한 달째 성공하고 있다. 오늘도 물론 성공했다. 아기를 어린이 집에 등원시키고 집으로 오는 길이었다. 횡단보도에 아직 도착하지 않았는데, 신호등이 초록불로 바뀌었다. 나는 달려서 횡단보도를 건넜고, 그 길로 3분 정도 달려서 집에 도착했다. 이렇게 나는 오늘도 간단히 1일 1회 달리기를 성공했다. 이렇게만 달려도 몸이 깨어나는 느낌이 들었다. 이 정도 달리는 데에는 제대로 된 운동화나 운동복도 필요가 없다. 그것을 다 갖추고 달리기를 하겠다고 하면, 못하는 날만 늘어날 것이 뻔하다. 그리고 이렇게 아주 작게, 아주 간단한 최소한의 기준을 만들어 두니 하루에 두 번도 할 수 있게 되었다. 오늘은 어린이집 하원할 때도, 신호등에서부터 어린이집까지 달릴 것이다.

아주 작은 최소한의 기준이기 때문에 생활 속에서 실천할 수 있고, 꾸준히 하는 것이 가능하다. 신기한 것은 이 정도의 짧은 달리기인데도 한 달을 꾸준히 하니, 몸의 변화가 아주 조금은 느껴진다는 점이다. 원래는 어린이집까지 3분 거리를 뛰어가는 것이 힘들어서 중간에 몇 번 걸어야 했는데, 이제는 한 번에 달려갈 수 있게 되었다.

독서도 마찬가지다. 나는 원래 한두 시간씩 시간을 내어 책 읽는 것을 좋아했다. 취미이기도 하고, 일을 하려면 좋은 인풋을 넣어야 하기 때문에 업무의 연장이기도 하다. 하지만 출산 후, 긴 독서 시간을 내기가 어려웠다. 조용한 공간, 집중할 수 있는 연속된 시간, 아무 방해도 없는 여유 같은 것은 꿈에서나 가능한 일이다.

그래서 내가 한 일은? 이상적인 독서 시간에 대한 마음을 내려놓고, 최소한의 기준을 정했다. 통시간을 바라지 말고, 틈이 나면 한 페이지라도 읽는 것으로 정했다. 아침에 커피를 마시며 5분, 아기를 재운 후 어둠 속에서 전자책 몇 페이지를 읽기 시작했다.

처음에는 너무 짧아서 이게 무슨 의미가 있나 싶었지만, 이 또한 적응이 되었다. 이렇게 쌓인 틈새 독서로 2주에 한 권 정도를 읽는다. 이상적인 시간이 나기만을 기다린다면 한 달에 한 권 읽기도 어려울 것이다. '오늘 1시간 독서해야지'가 아니라 '오늘 한 페이지라도 읽어야지'라는 최소한의 기준이 오히려 독서량을 늘렸다.

우리 나라에서 러닝 문화를 전파하고 있는 러너 안정은은 책 『나의 가능성은 달리기에서 시작되었다』에서 자신의 첫 달리기에 대해 이야기했다. 첫 날엔 5분을 달리고, 다음 날엔 6분을 달렸다는 것이다. 여전히 토할 것 같았지만, 어제보다 나아졌다는 성취감을 느꼈다고 했다. 겨우 5분을 버틴 그날로부터 몇 달 뒤에 풀코스 마라톤을 뛰었다며, 작은 행동이 결국 큰 변화를 만든다는 것을 몸으로 느낀 이야기를 전했다.

세계적인 베스트셀러『아주 작은 습관의 힘』의 저자 제임스 클리어의 이야기도 비슷하다. 그는 대학 시절 큰 사고로 운동선수로서의 경력을 잃었다. 삶을 다시 세워야 할 때, 그가 택한 것은 푸시업 한 개, 책 한 페이지 읽기 같은 아주 사소한 습관이었다. 그는 말한다. "1%의 변화는 작고 느리지만, 반복되면 인생을 바꾼다." 그의 삶이 그것을 증명하고 있다. 작은 계획은 단순히 하루를 채우는 수단이 아니다. 그것은 삶 전체를 다시 설계할 수 있는 가장 실용적인 도구다.

작게 시작하는 것이 핵심이라면, 그걸 어떻게 이어갈 것인지가 다음 과제다. 이를 위해 몇 가지 원칙이 필요하다. 첫째, 처음 시작은 반드시 하나의 습관만 정한다. 작은 계획이니 여러 개 할 수 있을 거라 생각한다면 오산이다. 그리고 그중 가장 먼저 습관화하고 싶은 한 가지만 선택하자. 장바구니에 아무리 가벼운 것이라도 여러 개를 동시에 담으면 결국 무거워지는 것과 똑같다. 습관도 그렇다. 우선 하나에 익숙해지고, 그 다음을 생각하자.

두 번째는 시각적으로 보이게 기록하는 것이다. 달력에 예쁜 스티커를 붙이거나, 체크 표시를 할 수 있다. 그리고 이것을 행동 반경 안에 두자. 예를 들면 달력 한 장을 찢어 현관문에 붙여두고, 달리고 집에 들어오면서 스티커를 바로 붙이는 것이다. 독서라면 읽고 있는 책에 달력 한 페이지를 끼워두어도 좋다. 기록이 하나의 일이 되어서는 안 된다. 이것은 다음 날 또 이어 나갈 수 있도록 돕는 도구로서의 역할일 뿐이다. 당신의 행동습관이 지나가는 경로 안에 기록 시스템을 넣어두자.

병원에서도 의료진들의 손씻기 수행률을 올리기 위해서 이동 경로 곳곳에 개수대를 설치하거나, 손소독제를 구석구석 비치한다. 환자를 만지기 전, 후로 개수대를 찾아가는 의료진의 의지를 기대하는 대신, 언제 어디서든 손을 씻을 수 있는 환경을 만든 것이다. 손을 씻는 게 일이 되지 않도록 한 것이 손씻기 수행률을 올리는 가장 중요한 포인트였다. 경로 설계를 통해 당신이 하는 행동에 드는 에너지를 최소한으로 낮추자.

세 번째는 아무리 작은 행동이라도 '했다'라고 인정해 수는 것이다. 신호등에서 집까지 달린 것도, 전자책으로 한 페이지를 읽은 것도 성공이다. '이걸로도 했다고 할 수 있을까?'하는 의심은 넣어두자. 오히려 '했다'고 인정하며, '내일도 작게 이어나가 보자!'하며 스스로를 응원하자.

네 번째는 기준을 높일 땐 신중해야 한다. 작은 계획을 꾸준히 이어 나가다 보면, 나의 역량도 조금씩 성장한다. 그러면 기준을 높이고 싶은 마음이 든다. 1일 1회 달리기라는 작은 기준을 1일 3km 달리기로 수정하고 싶은 마음이 들 수 있다. 그러나 기억해야 한다. 지금까지 꾸준할 수 있었던 이유는 부담감 없이 일상에서 할 수 있는 만큼 작은 계획이었기 때문이라는 것을. 더 달리고, 더 읽고, 더 하고 싶은 날은 얼마든지 초과 달성해도 좋다. 그러나 기준의 최소치를 상향 조정하는 것에는 늘 신중하자.

다섯 번째는 언제든 다시 시작하는 것이다. 빠지지 않는 것 보다 중요한 게 다시 시작하는 것이다. 긴 연휴라서, 몸이 아파서, 바빠서 등의 이유로 아주 작은 습관조차 이어 나가지 못할 수도 있다. 못 했다는 것은 이미 지나간 과거다. 생각할 필요가 없다. 우리는 오늘 그냥 다시 하면 된다. 그리고 내일 또 하면 된다. 중요한 건 그것이다. 그냥 다시 작게 시작하자.

마지막으로 1일 1회 달리기나 한 페이지 독서와 같은 작은 습관으로 반드시 대단한 성과에 도달할 필요는 없다. '매일 조금씩 달려서 언젠가 풀마라톤을 뛰어야지!'하는 것처럼 더 큰 목표로 반드시 연결하지 않아도 된다는 뜻이다. 작은 습관은 큰 성공으로 가는 연결 고리가 아닌 그냥 그 자체로도 의미가 있다. 자신을 기특해 하는 마음이 쌓이고, 스스로에게 떳떳해지는 것. 그것만으로도 충분하다.

이상적인 계획을 세우고는 자주 실패하는 일상과 최소한의 계획을 세우고 매일 성공하는 일상. 당신은 무엇을 선택할 것인가?

3초! 장소가 바뀌기 직전의
순간을 활용하기

"아무 생각 없이 현관문을 열면 무조건 소파나 침대가 이겨요."

이 문장은 우스갯소리 같지만, 매일 저녁 수많은 사람이 겪는 현실이다. '오늘은 집에 가면 바로 씻고, 30분 동안 집 정리 말끔하게 하고 넷플릭스 봐야지!'라고 퇴근길에 다짐한다.

그렇지만 집 엘리베이터에서 멍하게 숏폼 콘텐츠를 쓸어 올리다, 앞도 보지 않고 엘리베이터에서 내려 아무 생각 없이 현관문을 여는 순간 몸은 자동적으로 소파 위에 눕게 된다. 그리고 자연스럽게 핸드폰 잠금을 푼다. 엘리베이터에서 보고 있던 릴스 화면이 켜져 있고, 그대로 엄지를 위로 쓸어 올린다. 릴스는 끝없이 재생되고, 씻지 못하고 잠든다.

눈을 뜨면 새벽 2시 반. 다시 일어나 불을 끄고 침대에 눕는다.

퇴근길에 원한 단정한 저녁 마무리는 오늘도 상상 속에만 존재한다. 우리는 왜 같은 실패를 반복하는 것일까?

준비 없이 무의식적으로 도착한 장소에서 뇌는 가장 편한 선택을 한다. 소파나 침대로 직행하게 되는 것처럼. 무엇을 하겠다는 다짐이 없는 상태로 새로운 공간에 들어서면, 그 이후의 행동도 흐릿해질 수밖에 없다. 해결 방법은 장소가 바뀌기 직전 딱 3초만 마음을 가다듬는 것이다. 미리 할 필요도 없다. 딱 3초면 된다.

문을 열기 전에 반드시 모드 변경을 해야 한다. 문고리에 손을 얹고 딱 3초만 멈추자. 그리고는 문을 열면 할 행동을 생각하며, 빠르게 모드를 바꾸는 것이다. '이 문 열고 들어가면 바로 욕실로 들어가 샤워부터 한다'라고 말이다. 엘리베이터에서 흐릿한 정신 상태였더라도 다시 바로잡을 수 있다. 이 3초가 집에 들어간 이후 3시간의 질을 좌우한다.

직장인 수미는 퇴근 후 헬스장까지 갔지만, 라커룸에서 핸드폰을 만지작거리며 20분을 보냈다. 프리랜서 진아는 작업하려고 책상에 앉았지만, 고양이를 쓰다듬다 보니 30분이 흘렀다. 시간이 없는 게 아니지 않은가. 몸은 도착했지만, 마음은 아직 도착하지 못한 이유는 의지력 부족이 아닌 전환의 부재이다.

공간이 전환될 때 뇌는 새로운 자극에 반응하여 주의력이 활성화된다. 이 시점에서는 주의 전환이 쉽기 때문에, 이전의 생각에서 벗어나는 데에 도움이 된다. 반면 무엇을 하려고 하는지 인지하지 않은 채 장소를 바꾸면, 뇌는 편안한 방향으로 흐르거나 자극에 끌린다. 공간을 전환해 주의를 집중하는 계기로 활용할 것인가, 눈에 보이는 대로 이끌리도록 둘 것인가.

해결책은 단 3초다. 장소가 바뀌기 직전 3초. 현관문을 열기 직전 '들어가자마자 씻자'라고 스스로에게 인지시키는 것, 사무실 문을 들어서면서 '앉자마자 회의록부터 정리하자'라고 다짐하는 것, 카페 입구에서 '자리에 앉으면 바로 메일 부터 쓰자'라고 3초만 생각한 후 발을 들이는 것이다. 이 짧은 3초가 로딩 시간을 줄이고 즉시 시작할 수 있게 만든다.

한 대학원생은 '3초 모드 전환법'을 활용해서 논문에 더욱 집중할 수 있게 되었다고 말했다. "예전엔 밥 먹고 돌아오면 자리에 앉아서 멍하게 인터넷을 돌아다녔거든요. 그렇게 30~40분을 보내고는, 어렵게 마음을 추슬러서 논문을 썼어요. 그런데 연구실 문을 열기 전에 '들어가서 바로 커피 내리고, 앉아서 논문 요약한다'라고 생각하고 문을 열었는데, 정말 그대로 하게 되더라고요! 로딩 시간이 사라졌고, 훨씬 더 깊게 집중할 수 있게 되었어요."라고 말했다. 정말 3초가 30분을 좌우한 것이다.

3초 모드 전환의 효과를 충분히 누리기 위해서는 3초의 다짐이 구체적일수록 좋다. 막연하게 '열심히 하자!'와 같은 추상적인

말은 효과가 없다. 마음가짐이 아닌 행동을 떠올려야 한다. 문을 열고 들어가서 무엇을 할 것인지 명확하게 생각하자. 육하원칙에 따라 계획하는 것은 여기에도 적용이 된다.

내가 가장 자주 하는 3초 전 다짐은 '들어가자마자 30분 타이머 맞추고 집 정리 빠르게 하자' '메신저 켜지 말고, 바로 워드 새문서를 열자' '앉자마자 이메일 1개만 보내자' '음식물 쓰레기를 들고 바로 다시 나오자'와 같은 것이다. 3초 모드 전환을 내 삶에 적용한 후, 하루가 훨씬 가벼워졌다고 느낀다. 3초로 얻은 효과 치고 가성비가 대단하다.

이 3초는 단순한 전환이 아니다. 혼란과 산만함에서 주도권을 되찾아오는 연습이자, 삶의 흐름을 내가 선택하는 시작점이다. 공간이 바뀔 때마다, 스스로에게 '나는 지금 무엇을 하려고 하는가?'에 대한 질문을 하는 것이나 마찬가지기 때문이다. 이 질문은 자신에게 기분 좋은 약간의 긴장감을 준다.

이 책을 덮고 일어나 어디로 가서 무엇을 할 생각인가? 그 문턱을 넘어서기 전, 3초만 멈추고 생각하자. 3초가 새로운 공간에서의 30분을 달리 만들어 줄 테니! 겨우 3초인데, 밑져야 본전이지 않은가. 장담컨대 본전 이상의 효과를 얻을 것이다.

계획은
약속이 아닌 전략

"이건 못 지킨 게 아니라 안 지킨 겁니다."

EBS 〈서장훈의 이웃집 백만상자〉라는 프로그램의 김한균 대표편에서 그가 한 말이다. 김한균 대표는 '파파레서피(Papa recipe)'라는 화장품 브랜드로 알려진 ABT의 창업자이다. 특히, 중국 시장에서 K-뷰티로 큰 성공을 거두며 2,000억 원대의 연매출을 냈다. 한 분야에서 괄목할 만한 성공을 이룬 그는 10년 동안 스케줄를 메모한 것이라며 노트를 공개했다. 이것을 보고 출연자 조나단이 말했다. "계획을 지킨 것도 있지만, 안 지킨 것도 있어요."라고하니, 김 대표는 "진짜 정확해요. 못 지킨 게 아니라 안 지킨 거예요. 그냥 지워요, 과감히. 우선순위에서 밀리는 거니까."

계획대로 안 되는 이유는 많다. 아프거나, 귀찮거나, 날씨가 안

좋거나, 거절하지 못할 요청을 받거나, 중요한 일이 갑자기 생긴다. 여러 이유로 계획대로 되지 않았을 때, 대부분의 사람들은 계획을 '못 지켰다'고 말하지 '안 지켰다'고 말하진 않는다. 하지만 우리는 앞으로 김한균 대표의 말처럼 못 지킨 게 아니라 '안 지켰다'고 당당히 말할 수 있어야 한다. 이게 무슨 소리냐고?

⊘ 계획은 약속이 아니다

계획을 못 지켰을 때 우리는 흔히 죄책감을 느낀다. 왜 그럴까? 우리는 계획을 일종의 '약속'으로 여겨 왔기 때문이다. 약속은 도덕의 영역이다. 어릴 때부터 약속은 지켜야만 하며, 어기는 것은 잘못된 행동이고, 상대에게 민폐를 끼치는 일이라고 배워왔다. 그래서 약속을 어기면 '나는 나쁜 사람'이라는 생각이 들고, 미안한 마음이 든다. 자기와의 약속도 마찬가지로 스스로에게도 미안해진다. 이것이 우리가 계획을 지키지 못했을 때 죄책감을 느끼는 가장 근본적인 이유가 아닐까? 그런데 과연 그래야만 할까?

계획은 약속이라기보다는 '전략'에 가깝다. 약속이 지켜야 할 '고정된 기준'이라면, 전략은 상황에 맞춰 유연하게 조정하는 '방향성'이다. 개인적인 계획이라면 보통은 조용한 곳에서 기분이 좋은 상태로 계획을 세우지만, 현실은 절대 고요하지 않다. 예측할 수 없는 수많은 변수에 따라서 우리의 하루는 끊임없이 바뀐다.

그렇기 때문에 계획은 세운 그대로 행하지 않으면 의미가 없는 것이 아니라, 예측하지 못한 이 상황에 대처하는 '기준'으로 활용하고, 상황에 맞게 수정해야 한다. 상황이 바뀌었는데도 기존의 계획만 고집하는 것은 어리석은 일이다. 전쟁터를 생각하면 이해가 쉬울 것이다. 전날 밤에 세운 전략이 아무리 완벽해 보인다 할지라도, 현장에서 먹히지 않으면 빠르게 전략을 수정해야 한다. 목표는 전쟁에서 이기는 것이지, 전략을 지키는 게 아니니 말이다.

'전략을 수정하는 사람'을 떠올려 보자. 어떤 이미지가 떠오르는가? 전략을 수정하는 사람은 상황을 민첩하게 읽고, 그 안에서 최선의 선택지를 찾아가는 사람이다. 흐름을 읽고 움직이는 유연함과 방향을 조정할 줄 아는 회복력. 그런 사람에게 우리는 실패보단 능동적이고 똑똑하게 하루를 살아가는 이미지를 떠올린다. 약속을 변경하는 사람과는 전혀 다른 모습이다.

⊘ 전략 활용 수칙

그렇다면 계획을 약속이 아닌 전략으로 활용하려면 어떤 방법이 있을까? 그저 생각을 고치면 되는 것일까? 가장 중요한 행동 수칙은 계획을 자주 확인하면서 현실에 대응하는 것이다. 하루를 마무리하기 전에야 한번 들추어 보면서 '이건 했고, 이건 못했네'라고 평가하고 있다면 계획을 전략으로 활용하고 있는 게 아니다. 계획을 흔드는 여러 요소에 끌려 다니지 않으려면 우선 내가 어떤 전략으로 하루를 보내려고 했는지 자주 확인해야 한다.

나는 적어도 하루 세 번 계획을 확인할 것을 권한다. 오전 10시 ~11시경에 한 번, 점심 먹고 오후를 본격적으로 시작하며 한 번, 오후 3~4시쯤 한 번 확인하며 우선순위를 조정해 보자.

예를 들어 오늘 해야 할 가장 중요한 일이 '캠페인 성과 분석'이고, 그것을 오후 2시부터 2시간 동안 하려고 계획했다고 가정하자. 그런데 오후 2시에 반드시 참석해야 할 회의가 생겼다면? 그 즉시 계획을 들여다보며 전략 수정을 해야 한다. 먼저 결정해야 할 것은 오후 2시 회의를 참석할 것인가이고, 참석을 한다면 오늘 반드시 해야 하는 캠페인 성과분석은 언제 할 것인지 생각해야 한다. '회의가 끝나고 오후 4시부터 성과분석 업무를 하고, 원래 오후 4시 부터 하기로 했던 업무는 내일 한다'라거나, '오후 4시에 계획한 업무도 미룰 수가 없으니, 내일 캠페인 성과분석 업무를 한다'와 같이 어떤 방향으로든 새로운 결정을 내리게 된다. 이렇게 되면, 캠페인 업무를 오늘 '못한 것' 이 아니라 '내일 하기로 결정한 것' 이 되는 것이다.

이것은 하루가 다 끝난 후 플래너를 펼쳐보고는 '오늘 갑작스럽게 생긴 회의로, 하려던 업무들을 못했네…'라고 생각하는 것과는 완전히 다르다. 전자는 최선의 선택을 하기 위해 현재와 전략 사이에서 팽팽하게 밀고 당기며 하루를 완성하는 과정이고, 후자는 상황에 이끌려가는 모습이다. 두 경우 모두 캠페인 성과 분석 업무를 다음 날 하게 되었다고 해도, 전자와 후자가 업무를 주도하고 있다고 느끼는 정도는 큰 차이가 있다.

그 다음으로 중요한 것은 전략을 수정한 이유를 기록하는 것이다. 왜 계획을 수정할 수밖에 없었는지를 간단히 적어두자. 정말 예측할 수 없었는지, 계획할 때 잊어버려서 우선순위가 바뀌었는지, 상사의 요청이라서 자동반사적으로 우선순위를 바꾸었는데 하고 보니 그리 급한 일은 아니었는지 등을 적어둘 수 있다. 이 짧은 기록은 우리를 더 나은 전략가로 만든다.

당신은 어떤 날을 '잘 보낸 하루'라고 느끼는가? 계획을 하나도 어기지 않고 지킨 날? 아니면, 예기치 못한 변화 속에서도 할 수 있는 최선의 선택을 하며 나아간 날?

당신이 상상하는 지구 행성이 아닐 거야. 당신이 생각하는 인생이 아닐 거야. 그래서 하루하루가 난해하면서도 설레고 감동적일 거야. 자신의 관념과 기준 속에 갇혀 있지만 않는다면, 당신이 상상한 것보다 더 좋은 것들을 발견하기 위해 눈을 크게 뜬다면.

류시화 작가의 에세이 『내가 생각한 인생이 아니야』에 담긴 문장이다. 아무리 열심히 노력해도 매일 계획을 완벽히 지키는 건 불가능에 가깝다. 우리의 하루는 예상치 못한 흐름으로 가득하니까 말이다. 계획은 세우되, 눈 앞의 현실에서 최선의 선택을 하는 하루를 만들어 나가길 바란다. 상상한 것보다 좋은 날을 만들 수도 있지 않은가.

앞이 캄캄할 때도
나를 성장시킨 두 가지

계획 같은 건 다 소용없이 느껴지는 날이 있다. 아무리 노력해도 나아질 기미가 안 보이거나 상황이 비꺼어 열심히 준비한 것이 쓸모가 없어지는 날들이 계속되면 힘이 빠질 수밖에 없다.

나름 준비된 퇴사를 했다고 생각했다. 유튜브 채널을 키워볼 작정이었고, 영상 편집 아르바이트로 최소한의 벌이는 할 수 있었다. 유튜브 채널에는 물건을 비우는 일상을 실천하는 영상을 올렸다. 그중 '미니멀라이프를 해보니, 결혼 준비를 할 때 이런 건 불필요했더라'하는 영상이 소위 알고리즘을 탔다. 조회 수가 70만 회까지 오르고, 구독자가 가파르게 늘었다.

그런데 유튜브 운영과 콘텐츠에 대한 이해가 없었던 당시의 나는 기회를 이용할 생각은커녕, 흐름에 역행하는 콘텐츠를 올렸다.

'나는 결혼 이야기를 더 하고 싶지는 않아. 물건을 비웠더니 시간도 비우고 싶어. 시간관리 영상을 올려야지!'라고 생각한 것이다.

결혼 준비가 궁금한 사람들보다 시간관리가 궁금한 사람들이 훨씬 적다는 것은 조회 수로 증명되었다. 시간관리 영상은 며칠이 지나도 조회 수가 100도 넘지 않았다. 좋아요는 한두 개, 댓글은 더더욱 없었다. 그 다음 영상을 올려도 상황은 비슷했다. 하지만 그때까지도 결혼 이야기는 계속 하고 싶지 않았던 나는 시간관리 영상을 꾸준히 업로드했다. 반응이 없으니 점점 힘이 빠져갔다. '내가 지금 이걸 왜 하고 있지?'하는 생각이 들고, '퇴사까지 했는데 어떻게 하지?'하는 두려움이 싹트기 시작했다. 누구도 관심을 두지 않는 일을 계속해야 하는지 고민이 되면서도 그렇다고 이걸 안 하면 또 뭘 할 것인지에 대한 대안도 없었다. 반응이 없는 영상을 만드는 게 점점 버거워졌다. 내가 하는 모든 계획이 무의미하게 느껴졌고, 무언가를 시도하기 보단 멈추려는 마음이 더 커졌다. 이것은 직장을 다닐 때와는 또 다른 종류의 어려움이었다.

'정말 이대로 멈춰도 괜찮을까?' '회사도 그만 둔 마당에 이것마저 멈추면 난 뭘하지?' 이대로 꼬르르 가라앉아 나의 사회적 존재가 흔적도 없이 사라질 것 같았다. 그것은 무서운 일이었다. 최악의 상황을 피하기 위해, 일단 지금의 상황을 조금 더 낫게 만들 방법을 생각하기 시작했다.

우선 조회 수 100회의 영상을 본 이 100명은 누구인지가 궁금해졌다. '유튜브에서 조회수 100은 처참한 숫자이긴 하지만, 오프라인에 100명을 모은다고 생각하면 꽤나 큰 숫자잖아?'라는 생각이 들자 쪼그라들었던 마음이 조금 펴지는 것 같기도 했다. '그래! 진짜 사람을 만나자!'하는 생각에 글 하나를 올렸다.

혹시 저와 함께 시간관리를 해보고 싶은 분이 계신가요?
우선 네 명 모집하겠습니다.

한 명만 와도 해본다는 마음이었다. 플랜B 따위를 세울 여유는 없었으니까. 정말 신기하게도 딱 네 명의 신청자가 모였다. 줌(ZOOM)으로 만난 네 명은 한 달 동안 플래너에 계획을 쓰고, 실천을 하며 그 과정을 공유했다. 서로 의지하며 한 달 동안 실천력을 끌어올릴 수 있었고, 어느 때보다 뿌듯한 한 달을 보낼 수 있었다. 한 달 동안 업로드한 영상의 조회 수는 여전히 100회 남짓이었지만, 이전과 다르게 숫자에만 집중하지는 않게 되었다. 사람들과 더 밀도 있게 소통하며, 내가 하는 일에도 의미가 있음을 매번 확인받았기 때문이다.

자신감이 차오른 나는 다음 달에 10명을 모집했다. 그런데 이상하게 지난 달과는 분위기가 달랐다. 인원이 많아져서 그런지 소통이 힘들었다. 열심히 하는 사람도 있고, 그냥 한 번 들어와 본 것 같은 사람도 있었다. 10명의 인원을 꾸리기엔 운영 경험도 부족했다. 여러모로 지난 달과는 분위기가 달랐다.

나는 풀이 죽었다. '시간관리 하자고 사람을 모아놓고, 내가 더 시간을 빼앗는 것 같아…'하는 마음에 모인 사람들에게 미안함이 들기도 했다. 마음이 위축되기는 했지만, 실패의 기억으로 끝내고 싶지는 않았다. 여기에서 그만두면 다음으로 넘어갈 징검다리가 끊어지는 것 같았기 때문이다. 그래서 딱 한 번만 더 해보기로 결심했고 세 번째 달의 모임이 시작되었다.

이번엔 나름 운영 규칙도 만들어서 지난 달의 실패 요인을 보완했다. 이번 모임은 다시 서로 독려하고, 성과를 내는 분위기가 되었다. 나는 다시 자신감을 되찾았고, 사람들도 여러 달 이상을 이어가며 자기 관리 훈련을 했다. 이렇게 2020년 4월에 시작한 시간관리 커뮤니티 '타임블럭크루'는 지금까지 이어지고 있다.

덕분에 자신의 하루에 실망하던 사람이 자신의 삶을 사랑하게 되는 과정을 지켜볼 수 있었다. 이것이 바탕이 되어 책이 나오고, 하나의 콘텐츠까지 되었다. 시간관리에 어려움을 겪었던 사람들이 변화하는 스토리를 더 많이 만날 수록 나는 더 뾰족하게 사람들을 도울 수 있게 되었다. 조회 수 100회 남짓의 결과에 실망해서 그만두었다면 절대 얻을 수 없었을 결과이다. 시간관리 전문가가 되겠다며 작정하고 시작한 일이 아니다. 지금까지 걸어온 로드맵을 처음에는 상상도 할 수 없었다.

나를 여기까지 끌고 온 요인은 두 가지로 압축된다. 하나는 지금 당장 할 수 있는 작은 것을 찾아서 움직인 것이고, 다른 하나는 사람들의 긍정적인 피드백이다. 그러니 절반은 나의 힘으로, 나머지 절반은 다른 사람들의 힘으로 여기까지 온 것이다.

"고민도 움직이면서 하자." 내가 좋아하는 말이다. 콘텐츠를 '이런 방식으로 올리는 게 좋을까? 저런 방식으로 올리는 게 좋을까?' 고민하느라 아무것도 실행하지 못하면서 2~3주를 그냥 보낼 바에야, 그냥 이렇게도 올려보고 저렇게도 올려보면서 고민하는 편이 더 낫다. 영 마음에 안 들면 나중에 삭제하면 그만이다. 책을 쓸 때도 마찬가지다. 구어체로 쓰는 게 좋을지 평서문으로 쓰는 게 좋을지 고민하며 한 줄도 쓰지 못할 바에야, 이렇게도 써 보고 저렇게도 써 본다. 실체를 가지고 고민을 해야 스스로 결정하기도 쉽고 지인들에게 어느 것이 더 나아 보이는지 물어볼 수도 있다.

당연히 불안하기도 했다. '이렇게 해서 안되면 어떻게 하지?' '이 방법도 아니면 어쩌지?' 보장된 길이란 건 없다는 것을 머리로는 알지만, 자꾸 발걸음을 멈칫하게 된다. 앞이 보이지 않는 곳에 내딛는 발걸음은 두려울 수밖에 없다. 낭떠러지일 수도 있고, 뱀을 밟을 수도 있고, 돌부리에 걸려 넘어질 수도 있기 때문이다. 뭔가

모를 장애물이 나올 수도 있다는 걱정에 한 발을 떼기도 망설여진다. 그러나 경험상 캄캄한 밤에 걷다가 뱀을 밟을 확률은 극히 드물고, 돌에 걸려 꽈당 넘어지는 일도 거의 없지 않은가? 만에 하나 넘어져 조금 다칠 수도 있지만, 그렇다고 해도 그 자리에 가만히 서 있을 수는 없다.

이때 내가 한 발 또 한 발 내딛게 만들어 준 것은 사람들의 피드백이었다. 그들이 어둠 속에서 내 손을 잡아준 셈이다. "오! 최근 들어 실천력이 이렇게 좋은 적이 없었어요." "육아하느라 내 시간을 갖는 건 불가능하다고 생각했어요. 그런데 이게 가능한 거였네요. 감사해요." "플래너 한 권을 다 채운 것! 제 인생에 처음이에요. 너무 뿌듯해요. 신이나요!" 처음에는 많은 수도 아니었다. 그저 나와 함께 하는 한 사람, 한 사람의 변화의 목소리가 나에게 힘을 주었다. '이 길로 더 가봐도 좋겠어! 내가 의미 있는 일을 하고 있구나!' 두려움이 조금 가신 틈으로, 용기가 피어올랐다. 조회 수 100회 영상으로는 이 일의 의미를 좀처럼 느낄 수가 없었다. 하지만 한 명의 진심 담긴 변화의 고백으로 내가 이 일을 이어가도 되겠다는 힘을 받을 수 있었다.

우리는 자신이 하는 일이 누군가와 '연결'된다는 느낌을 받기를 원한다. 실제로 2022년에 실시된 한 조사에 따르면 Z세대가 퇴사를 결정하는 주요 이유 중 3위가 '가치나 업무 성과가 인정받지 못해서'인 것으로 나타났다. 내가 하는 일이 세상 어디에 도움이 되는 것인지 체감할 수 없으니 내가 이 일에 쏟는 시간이 의미가 없다고 느끼는 것이다.

그래서 우리 스스로 피드백 포인트를 만들 필요가 있다. 두려움 속에서도 나아가게 하는 원동력의 절반은 '내가 의미 있는 일을 하고 있다는 느낌'을 받는 것이니까 말이다. 이걸 말로 표현 받아야 한다. 매출이나 조회 수 같은 숫자가 아니라, 따뜻한 말로 피드백 받을 기회를 만들어 내야 하는 것이다. 내가 직접 사람들을 모은 것처럼 말이다.

예를 들어 글을 쓴 작가가 이 책이 세상에 어떤 의미를 지니는지 느껴보고 싶다면 북토크를 열어봐도 좋고, 신제품을 만든 내죠가 판매율 이외에도 더 심도 있는 피드백을 찾아보고 싶다면 구매고객 10명 정도를 모아 고객 의견을 듣는 티타임 자리를 마련해도 좋을 것이다. 이런 것이 번거롭다면 후기 이벤트를 열어, 고객의 소리를 끌어내고 모으는 노력을 해도 좋다. 후기를 모으는 것은 판매 이전에 제작자에게 큰 힘이 된다.

"자기는 나 얼마나 사랑해?"란 연인의 질문은 어쩌면, '사랑하는 줄은 알지만 더 듣고 싶어! 우리 관계를 더 끈끈하게 이어나갈 수 있는 힘을 한 스푼 줘!'하는 말로 번역해 볼 수 있지 않을까? 내가 하는 일에 대한 의미를 온도감 있게 느낄 수 있도록 스스로 기회를 만들어 보자.

그렇다면 반대로 응용해 볼 수도 있지 않을까. 우리가 먼저 표현한다면, 상대는 자신이 하는 일의 의미를 느끼며, 한 발 더 내딛을 힘을 키울 수 있게 된다. 이렇게 우리는 서로에게 좋은 영향을 미치며 살아갈 수 있다.

- 리더라면 팀원의 일이 얼마나 팀이나 고객에게 도움이 되었는지 구체적으로 말해 줄 수 있다. "디자이너님! 이번 신제품 플래너 색상은 볼 때마다 기분이 좋아져요! 우리 고객들도 매일 이 플래너를 볼 텐데! 하루 세 번은 기분이 좋아지겠어요!"

- 부모라면 아이가 신발 정리를 한 것이 얼마나 가족에게 도움이 되었는지 구체적으로 말해줄 수 있다. "태하야. 고마워! 덕분에 집을 나설 때 마다 기분이 좋아! 좋은 일이 생길 것 같아!"

- 식당에서 맛있는 식사를 하고 결제를 하면서 카드만 말없이 내밀지 않고, 표현해 볼 수도 있다. "잘 먹었습니다. 덕분에 오늘 하루의 스트레스가 녹아내렸어요." 식당 사장님의 피로도 녹아내리며 식당을 운영해야 할 이유가 하나 더 마음 속에 쌓일 것이다.

내가 하는 일이 외부와 어떻게 연결되어 있는지 확인하며 절반의 힘을 얻고, 두려워도 일단 움직이면서 생각하자는 자신의 의지로 나머지 절반의 힘을 내어 한 걸음을 내딛는다. 그렇게 우리는 앞이 보이지 않는 곳에서도 나아갈 수 있다. 그렇게 내 안의 힘으로, 외부의 도움으로 한 걸음씩 나가다 보면 어느새 그 발자국이 길이 되어 있을 것이다.

지금 당신에게 필요한 절반의 힘은 어떤 것인가.

CHAPTER 3

계획력 키우기

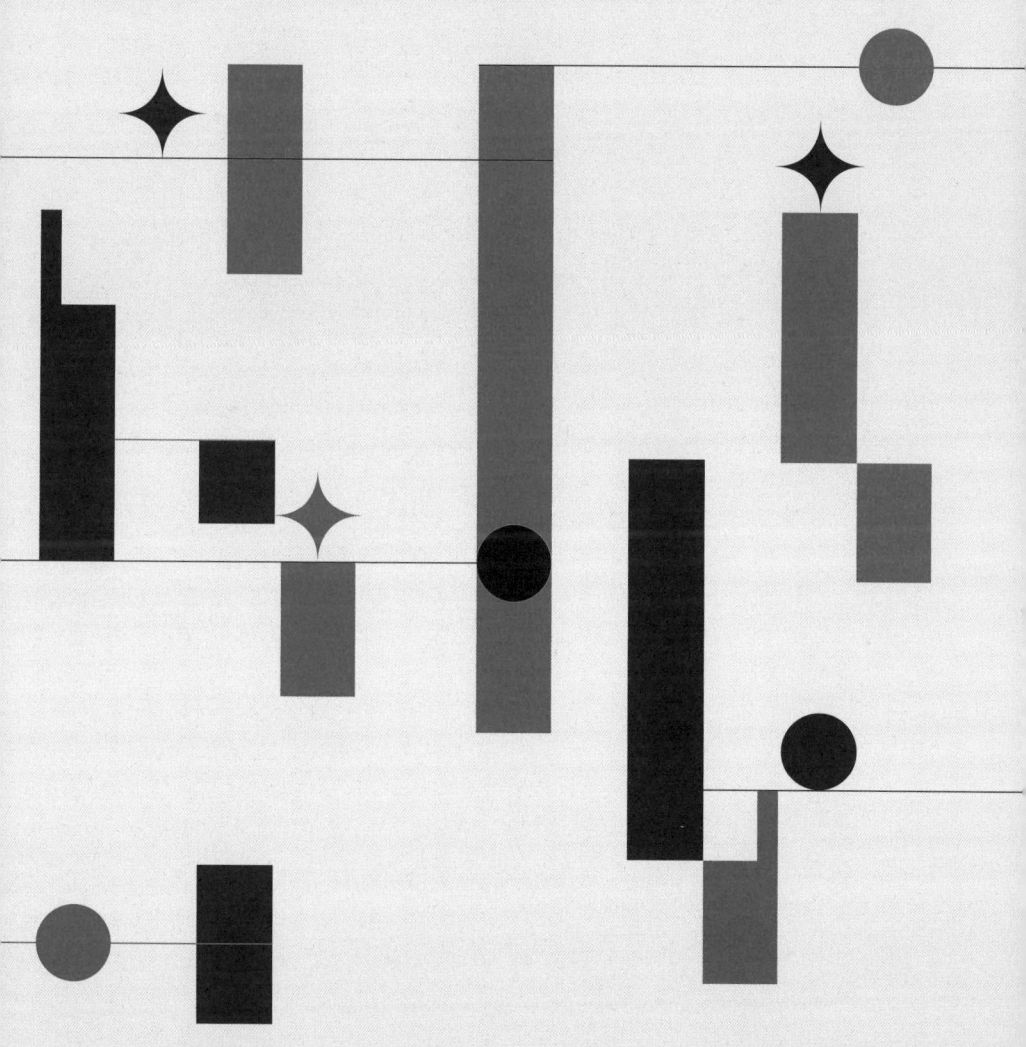

계획의 3단계

당신의 아침은 어떻게 시작되나요?

(아래 보기 중 오늘 아침의 당신의 모습과 가장 비슷한 것을 고르세요.)

① 오늘 일정만 확인하고 생각나는 대로 하루를 시작했다.

② 해야 할 일을 대충 메모하고 하루를 시작했다.

③ 할 일 목록에 오늘 해야 할 일을 전부 적고 하루를 시작했다.

④ 할 일 목록에 쓴 우선순위에 따라 언제, 얼만큼 할 것인지 정한 후 하루를 시작했다.

당신은 어떤 방식으로 하루를 시작하는가? 많은 사람들이 일정만 확인하거나, 할 일 목록을 작성하는 것으로 하루를 시작한다. 이것으로 계획을 세웠다고 여긴다. 그러나 이것은 해야 할 일을 나열해 놓은 것일 뿐이다. 적지 않는 것보단 훨씬 낫지만, 이 방법으로는 부족하다. 하루를 잘 보내고 싶다면 아침을 시작하는 계획력을 한 단계 업그레이드할 필요가 있다.

먼저 할 일 목록에는 시간이 빠져있다. '발표 자료 완성하기'라고만 쓰면, 이 일을 하는 데에 얼마나 시간이 걸릴지 알 수가 없다. 1시간을 쓸지 3시간을 쓸지 정해져 있지 않은 것이다. 하루 동안 이 일만 하는 경우가 아니라면, 이런 계획은 다른 업무 목록과 충돌할 확률이 높다. 발표자료 제작에 너무 많은 시간을 할애해서 다른 중요한 일이 밀리기도 하고, 다른 일에 너무 많은 시간을 할애한 탓에 발표자료 제작엔 손도 대지 못하게 되기도 한다.

또한 목록 자체만으로는 우선순위가 없기 때문에 모든 일의 중요도가 비슷해 보이는 문제가 있다. 개별적인 일을 무작위로 나열했을 뿐이기 때문이다. 그러다 보니 하기 쉬운 일이나 하고 싶은 일, 당장 급한 일부터 시작하게 된다. 같은 일을 하더라도 일을 하는 순서, 일을 하는 시간대에 따라 효율은 다를 수 있다. 이를테면 비슷한 업무를 묶어 한 번에 처리해 업무 효율을 높여야 하는 업무가 있고, 집중이 가장 높은 시간대에 중요한 일을 배치해서 보다 깊이 있는 결과물을 얻어야 하는 업무가 있다.

이렇게 전략 없이 할 일만 나열된 목록으로는 효율적으로 계획할 수 없다. 할 일 목록이 길어질수록 오히려 하루가 더 복잡해진다. 그렇다면 더 나은 계획은 어떻게 세워야 할까?

계획에도 공식이 있다. 계획의 3단계, '쏟아내기-선택하기-조정하기'다. 이것만큼은 외워서 매일 적용하자. 이 책에 나오는 내용 중 많은 부분은 필요할 때 찾아보면 되는데, 계획의 3단계만큼은 외우기를 바란다. 이것은 하루, 일주일, 장보기, 여행, 회사 프로젝트 등 모든 계획에 활용할 수 있기 때문이다. 그리고 이것을 적용하면 모든 계획을 한층 현실적이고, 실천 가능하게 만들 수 있다.

⊘ 계획의 3단계 적용하기

가장 쉽고 신나는 예시로 이해를 너해 보겠다. 바로 여행 계획을 짜는 것이다.

1단계. 쏟아내기

1단계에서는 여행에서 하고 싶은 일, 가고 싶은 장소, 먹고 싶은 음식을 마음껏 나열한다. 친구에게 추천도 받고, SNS에서 본 다양한 아이디어를 모아도 좋다. 나는 스페인 여행을 가고 싶어서 아래와 같이 쏟아냈다.

- 바르셀로나 가우디 건축물 보기
- 사그리아 파밀리아 성당에서 기도하기
- 타파스 맛집 꼭 가기
- 마드리드에서 플라멩코 공연 보기
- 산티아고 순례길 일부 구간 걸어보기
- 타파스 요리 클래스 참여하기
- 스페인 식재료 마트 쇼핑하기
...

2단계. 선택하기

일자별 계획을 짜는 단계다. 이때 쏟아내기 단계에서 나열한 것들을 재료로 선택해 일자별 계획을 세운다.

1일차: 마드리드 도착 – 시내 관광, 플라멩코 공연으로 첫 날 저녁
　　　행복하게 마무리
2일차: 산티아고 데 콤포스텔라 이동 및 순례길 걷기
3일차: 바르셀로나 이동 – 가우디 성당 투어 및 타파스 클래스 참여
4일차: 구엘 공원에서 여유 즐기기 – 점심으로 타파스 맛집 ○○○가
　　　지 – 간식 추로스 맛집

3단계. 조정하기

선택한 일정이 현실적으로 적절한지 점검하며 조정하는 단계

다. 동선은 효율적이고 예산에도 맞는지, 체력적으로 가능한 일정인지 등을 고려해서 최적의 계획으로 조정하는 단계다.

마드리드에서 산티아고까지는 거리가 너무 머니까 힘들 수도 있겠다. 순례길은 반나절 정도만 걷고 휴식 시간을 추가해야겠다. 성당 옆에는 추로스 맛집이 있으니까 3일차로 변경해야지. 3일차는 도시를 이동해야 하니까 타파스 클래스는 4일차로 바꾸는 게 좋겠다.

3일차: 바르셀로나 이동 - 가우디 성당 투어 및 ~~타파스 클래스 참여~~ +추로스 맛집
4일차: 구엘 공원에서 여유 즐기기 - 점심으로 ~~타파스 맛집 ○○○카자~~ - 간식 추로스 맛집 - 타파스 클래스 참여

여행 계획은 이미 이렇게 세우고 있는 독자들이 많을 것이다. 그렇다. 사실 우리는 계획의 3단계 공식을 이미 알고 있다. 단지 일상에 적용하지 못했을 뿐이다.

지금까지 우리가 계획이라고 생각하고 적었던 할 일 목록은 그저 1단계에 그친 것이다. 매번 할 일 목록을 적었지만 해내지 못하는 일이 여전히 많이 남은 채로 하루를 끝낼 수밖에 없었던 이유가 선명해졌다. 할 일 목록을 적는 것에서 계획 세우기를 그치면 안 된다. 언제, 얼마나 할 것인지 정하고, 이 계획이 최선인가를 고려하며 조정해야 한다. 계획의 3단계 공식을 통해 일이 더 수월하고 깔

끔하게 마무리되는 변화를 느껴보자.

이제 각 단계의 활용법에 대해 자세히 풀어 보겠다.

1단계: 쏟아내기

빈 A4용지를 사랑한다. 무엇이든 포용할 것 같은 넓은 공간에 이것저것을 적고 나면 머릿속이 비워지는 느낌을 받는다. 특히 하루, 한 주, 한 달의 시작에 앞서 머릿속 생각들을 꺼내본다. 일, 개인 관심사, 육아, 친구들과 관련된 일까지 분야를 가리지 않고 떠오르는 것을 모두 적는다.

쏟아내기를 제대로 하지 못한 날은 머릿속이 엉킨 느낌이 든다. 그래서 뭔가를 하는 도중에도 계속 다른 생각들이 떠오르기도 한다. 예컨대 일을 하던 중 갑자기 '아! 주말에 친구들이랑 만날 식당 찾아봐야 하는데!'하는 식이다. 실제로 어제는 책을 읽다가 '아! 이유식 재료 주문해야 하는데!' 하며 독서의 흐름이 끊겨 버렸다. 이럴 때 필요한 것은, 빈 종이 한 장이다. 생각을 쏟아내고 나면 머리가 명료해지고, 해야 할 일에 더 잘 집중할 수 있게 된다.

정리 전문가들은 서랍 정리할 때, 가장 먼저 해야 할 일로 안에 있는 물건을 모두 쏟아내기를 꼽는다. 모든 물건을 꺼내야 무엇이 있는지 파악하고, 필요한 것과 불필요한 것을 구분할 수 있기 때문이다. 그렇게 정리된 물건들을 적절한 위치에 배치하면서 서랍 안이 깔끔해진다.

안에 있는 것을 다 꺼내지 않고 정리를 하면 몇 가지 문제가 생긴다. 먼저, 서랍 깊숙이 깔린 물건은 여전히 그 자리에 남는다. 그 공간만큼은 죽은 공간이 되고, 정리를 해도 여전히 복잡하게 느껴질 수밖에 없다. 게다가 안에 무엇이 있는지 모르니 이미 가지고 있는 걸 또 사게 되기도 한다. 결국, 기존 구조가 크게 변하지 않으니 얼마 지나지 않아 다시 어지럽혀지는 악순환이 반복된다.

계획을 세우는 것도 똑같다. 머릿속에 있는 것을 모두 끄집어내는 과정이 선행되어야 한다. 그렇지 않으면 구석에 처박혀 있던 생각들이 불쑥불쑥 떠올라서, 머릿속을 금세 복잡하게 어지럽힌다.

쏟아내기에는 크게 두 가지 방법이 있는데, 무작위로 쏟아내는 '브레인덤프(brain dump)'와 카테고리를 정하고 쏟아내는 방법이다. 상황에 따라 한 가지 방법을 선택하거나, 두 가지를 조합해서 사용해도 좋다.

⊘ 쏟아내기 방법 1. 브레인덤프(brain dump)

브레인덤프는 머릿속에 떠오르는 생각을 규칙 없이 쏟아내는 방법이다. 형식이나 순서를 고려할 필요 없이 생각나는 대로 적어 내려가면 된다. 무엇부터 적어야 할지, 어떤 내용을 포함해야 할지, 얼마나 길게 써야 할지에 대한 제약이 전혀 없다.

브레인덤프는 특히 두 가지 상황에서 유용하다. 먼저, 새로운 일을 하거나 익숙하지 않은 분야에 뛰어들 때 적합하다. 아는 것 많지 않아 어디서부터 시작해야 할지 막막하다면 머릿속에 떠오르는 단편적인 정보나 연관 키워드, 떠오르는 질문을 무작위로 적어 나가자. 쏟아내다 보면 실마리를 찾을 수 있나.

화장품 회사에 다니고 있는 사람이 처음 신상품 기획을 맡게 되었다고 가정해 보자. 10대를 위한 여드름용 화장품을 기획해야 하는데, 어디서부터 계획을 세워야 할지 막막하다. 브레인덤프가 필요한 시점이다.

> 10대 여드름 피부 소비자는 어떤 고민? 여드름 피부에 효과적인 성분? 파스텔톤+감성적인 제품 네이밍! 여드름 피부에 닿는 모든 것을 바꿔야 한다는 슬로건으로 화장품과 세안도구를 세트로 판매? 10대는 본인이 구매? 부모님이 구매? 여드름 케어 루틴 키트! SNS에서 인기있는 스킨케어 루틴은?……

질문과 키워드, 아이디어 형태로 자유롭게 적어 내려간다. 답을 찾는 것보다는 생각을 최대한 확장시키는 것이 목적이다. 이렇게 생각나는 대로 적다 보면, 처음에는 막연했던 기획이 점점 구체적인 방향을 잡아가게 된다.

> 여드름 피부 고민이 다양한데, 주요 유형을 먼저 분류해야겠어. 그리고 SNS에서 인기있는 제품의 성분을 찾아보면 10대 소비자의 관심이 보일지도 몰라!

브레인덤프를 통해 기획을 풀어나갈 가닥을 잡고, 어떤 방향의 자료조사를 해야 할지에 대한 계획을 세울 수 있게 되었다. 쏟아내기 없이 떠오르는 대로 자료조사를 하면, 목적이 불분명해진다. 그러면 너무 많은 시간을 단지 감을 잡는 데에 쓰게 된다. 브레인덤프 방식의 쏟아내기를 통해 무엇을 알고, 무엇을 모르는지에 대한 체계를 잡은 후, 자료조사 단계로 넘어가는 것이 더 효과적이다.

일주일 계획, 한 달 계획을 세울 때도 마찬가지이다. 이번 주에 할 일, 약속, 하고 싶은 일을 모두 쏟아내면 일주일이나 한 달을 어떻게 보내고 싶은지에 대한 실루엣이 그려지기 시작할 것이다.

몇 가지 유의할 점도 있다. 브레인덤프를 할 때 시간을 3~10분으로 정해두자. 특히 계획 세우기에 너무 오랜 시간이 걸려 실행을 하기도 전에 지치는 사람들은 더욱 그렇다. 브레인덤프는 10분 이

내의 시간을 정해두고 속도감 있게 진행하는 것이 중요하다. 이제 1단계이니 말이다.

다음으로 유의할 점은 논리적 흐름을 따지지 않는 것이다. '이건 말이 안되는데?'라고 생각하는 순간 사고가 경직된다. 논리적이지 않더라도 괜찮다. 정리는 그 다음 단계에서 할 일이다.

비슷한 맥락으로 판단하지 않는 태도도 필요하다. '이게 현실적으로 가능할까?' '이건 좀 쓸모 없는 생각 아닌가?'라고 미리 판단하는 순간, 새로운 가능성은 멀어진다. 다음은 판단하지 않았더니 오히려 운동할 시간을 찾아낸 한 워킹맘의 이야기다.

실제로 하루의 계획을 세울 때 '30분 운동하기'가 떠올랐어요. 오늘은 도무지 시간이 없을 것 같아서 '오늘은 무리 아닌가?'하는 생각이 들었지만, 일단 판단하지 않고 종이에 적었지요. 그리고 하루를 살펴보니 운동할 수 있는 틈이 보였어요. 점심시간과 아기 어린이집 등하원 시간을 활용하면 가능할 수 있겠더라고요.
점심시간 10분 동안 가벼운 운동을 하고 하원 10분 전에 나가 동네를 걷다가 어린이 집까지 뛰어가는 방법을 찾게 되었어요. 결국, 틈새 시간을 발견해 운동 30분을 달성했죠. 미리 '이건 어려울 것 같아' 하고 판단하지 않았더니, 오히려 방법을 찾을 수 있었어요.

브레인덤프는 단순한 기록이 아니다. 새로운 기회를 발견하는 도구이기도 하다. 한계를 미리 설정하지 말고 그냥 일단 충분히 적어보자. 막막했던 생각이 풀리고, 흐릿했던 방향이 선명해지며, 불가능할 것 같던 일도 방법이 보이기 시작한다. 브레인덤프는 머릿속에 떠도는 가능성을 현실로 만드는 첫 단계다.

⊘ 쏟아내기 방법 2. 카테고리를 정하고 쏟아내기

때로는 어느 정도 틀을 잡아 두고 쏟아내는 방식이 더 효과적일 때도 있다. 특히 이미 어떤 주제에 대해 개략적인 윤곽이 잡혀 있거나, 생각을 구조적으로 정리하고 싶을 경우에는 카테고리를 먼저 정한 후 쏟아내는 방법이 유용하다.

10대를 위한 여드름 화장품 기획을 맡았던 상황을 다시 떠올려 보자. 이번에는 이전에 유사한 프로젝트의 팀원으로 참여한 경험이 있다고 가정해 보겠다. 이는 신제품 계획에서 어떤 요소를 고려해야 하는지 이미 알고 있다는 뜻이다. 이럴 때는 무작위로 쏟아내는 브레인덤프보다, 카테고리를 먼저 정한 후 각 항목별로 쏟아내기를 하는 편이 더 효율적이다.

제품 콘셉트	주요 성분	패키지 디자인	소비자 조사
· 10대를 위한 피부 장벽 케어 · 약산성 제품 · 세트 구성?	· 티트리 오일 vs 병풀 추출물? · 유분 컨트롤 성분 포함? · 피부 진정효과가 빠른 성분 조사 필요	· 파스텔톤? 모던 미니멀? · 쓰기 편한 디자인? · 친환경 패키지?	· 10대 소비 주안점? · 본인 구매? 부모님 구매? · 기대 효과? · 기존상품 리뷰 분석, 불만사항 파악

이 방법은 브레인덤프보다 더 체계적으로 정리가 되기 때문에 어떤 부분의 생각이 충분하고, 부족한지를 쉽게 확인할 수 있는 장점이 있다. 다만, 카테고리를 처음부터 세분화하면 오히려 생각이 막힐 수 있으니, 먼저 서너 가지로 정하는 것이 좋다. 이후 하나의 카테고리가 너무 방대한 양이라 여겨진다면, 하나를 다시 서너 가지의 카테고리로 확장할 수 있다. 그러니 카테고리를 정하느라 고민하며 너무 많은 시간을 쓰지 않아야 한다. 브레인덤프와 마찬가지로 10분 이내 정도의 시간을 정하고 쏟아내는 것이 중요하다. 하나의 항목에서 너무 깊이 고민하지 말고, 빠르게 적어나가자.

카테고리를 나누고 쏟아내는 방식은 일상에 바로 적용할 수 있다. 일, 가족, 나의 성장, 사회생활의 서너 개 분류를 추천한다.

업무	자기계발	가족	휴식/놀기
· 이메일 답변 · 신제품 홍보 　릴스 기획 · 클라이언트 　피드백 정리	· 일본어 단어 　10개 암기 · 저녁 8시, 　필라테스 · 블로그 글쓰기	· 저녁 반찬 준비 · 주말 가족모임 　식당예약 · 어린이집 준비물 　챙기기	· 친구랑 주말 　브런치 · 넷플릭스 　신작 보기

　여기에서 업무의 범위가 넓다면, 다시 업무를 세부 카테고리로 나눌 수 있다. 프로젝트가 마무리될 때까지는 카테고리가 고정이 되니 틀을 만들어 주기적으로 업데이트하고, 우선순위를 조정하는 밑바탕으로 쓸 수 있다. 또한, 이 방법은 각 부문 별로 빠짐없이 할 일을 챙길 수 있다는 것이 큰 장점이다.

화장품 기획 업무	사내문화 프로젝트 운영	일반 업무
· 신제품 콘셉트 정리 · 시장 조사&트렌드 분석 · 성분 검토 · 신제품 홍보 릴스 기획 · 클라이언트 피드백 정리	· 사내 워크숍 일정 확정 · 워크숍 예산안 짜기 · 업무별 타임라인 만들 　고, 팀내 공유하기	· 이메일 답변 · 미팅 일정 조율

　하루나 일주일을 시작할 때, 프로젝트를 시작하는 시점에, 머릿속이 복잡해서 일이 손에 안 잡힐 때, 계획을 세웠지만 우선순위가 계속 바뀌어 혼란스러울 때, 무언가 조급한 마음이 들 때. 모두 쏟아내기가 필요한 순간이다. 상황에 따라 브레인덤프 또는 카테고

리별 쏟아내기 방식을 사용해 보자.

생각을 머릿속에서 꺼내는 게 가장 중요하다. 그래야 우선순위 선택을 하고, 생각을 확장시켜 나갈 수 있다. 빈 종이를 마주하자. 이것이 내 안의 혼란을 잠재우고, 실행력 높이는 계획을 세우는 가장 확실한 첫 걸음이다.

2단계: 선택하기

선택하기 단계에서는 쏟아낸 일을 어느 시간대에 할지 선택해서 배치한다. 업무의 특성에 따라 일을 모으거나 분리해서 효율을 높인다. 또한 순서도 고려 대상이다. 어떤 업무를 먼저 하느냐에 따라 하루가 달라진다. 마치 계란을 구울 때 식용유를 두르고 팬을 달군 후 계란을 올려야지, 계란을 깬 후 식용유를 두르면 안 되는 것과 같은 이치다. 생각의 흐름대로 쏟아놓은 계획을 효율적으로 배치하기 위한 몇 가지 노하우를 배워보자.

⊘ 노하우 1. 비슷한 일끼리 묶기

시간관리의 대표적인 방법 중에 '타임 블록(time-block)'이라는 것이 있다. 시간을 블록처럼 묶고 구분하는 방법으로, 함께 하면 효율이 오르는 업무끼리 묶는 것이다. 그 기준으로는 크게 두 가지를 추천할 수 있는데, 업무가 요구하는 집중도나 업무 주제에 따라서 묶는 방법이 있다.

① 집중도에 따라 묶기

어떤 일은 고도의 집중이 필요한 반면 어떤 업무는 옆 사람과 말을 하면서도 진행할 수 있다. 집중도에 따라 업무를 묶는 것은 매일 적용해야 할 만큼 기본적이고 중요한 기준이다.

이를테면 간단한 메일 회신을 하거나, 신규 입점 요청 확인 후 등록하기와 같은 업무는 비교적 적은 집중력을 요한다. 그 일을 하다가 누군가 말을 시키더라도 대화하면서 처리할 수도 있고, 잠시 대화를 하고 다시 돌아와도 빠르게 다음 단계를 처리할 수 있다.

반면 기획서 작성이나 글쓰기, 자료 분석과 같은 업무는 더욱 깊은 집중력을 요구한다. 누군가와 대화를 하면서 일을 진행할 수 없고, 대화가 끝나고 나서도 업무의 맥락을 찾아가는 데에 노력이 든다. 따라서 이런 일을 분리해서 배치한다.

step 1. 쏟아내기	step 2. 선택하기	
	오전 10:00-12:00	☐ 메일 회신 ☐ 신규 입점 요청건 등록
☐ 메일 회신하기 ☐ 기획서 작성 ☐ 고객 유입 자료 분석 ☐ 신규입점 요청 건 등록	오후 1 1:30-3:00	☐ 기획서 작성
	오후 2 3:30-5:00	☐ 고객 유입 자료 분석

② 주제에 따라 묶기

같은 주제의 일을 하나로 묶어두면 전체 그림이 보인다. 흐름이 잡히면 머릿속에서 리허설이 가능해지고, 빠뜨린 요소까지 자연스럽게 떠오른다. 시민들을 위한 야외 행사 준비 업무가 있다고 가정해 보자. 현수막 의뢰, 참석 명단 확인, 촬영 협의, 부스 공지 메일 발송처럼 관련된 일을 '틈나는 대로' 흩뿌리지 말고, 오후 전체를 행사 준비 전용 시간으로 묶는다.

이렇게 했을 때의 장점은 행사 전체를 입체적으로 보는 시야가 생긴다는 것이다. 전체 행사를 머릿속으로 시뮬레이션을 돌리면서 상상하다 보면 할 일 목록에 없는 업무인데 추가로 준비해야 할 것이 보이기도 하고, 한 번 더 확인해야 할 것이 머릿속에 그려진다.

가령 시민 한 명이 와서 참석 명단 체크를 한 뒤 배부 물품을 받아서 행사 부스를 즐기고, 그러다 화장실이 가고 싶다면? 화장실 안내 표지판이 필요하겠다고 떠올리는 식인 것이다. 정해진 할 일 목록을 시간 위에 흩뿌리듯 나누어 처리하면, 이와 같이 업무 전체를 보는 시야를 가지기 어렵다.

또 하나의 팁은 '잡무 블록'을 따로 확보하는 것이다. 공과금 납부, 은행 업무, 세금계산서 발행, 보험 서류 제출, 이유식 재료 주문처럼 꼭 해야 하지만 가치 창출과는 거리가 먼 일들을 한꺼번에 처리하면 중요한 작업 흐름이 끊기지 않는다.

step 1. 쏟아내기
☐ 현수막 의뢰
☐ 참석자 명단 확인
☐ 행사 세금계산서 발행
☐ 메일 회신
☐ 행사 촬영 협의
…

step 2. 선택하기		
오전	잡무	☐ 메일 회신 ☐ 행사 세금계산서 발행 ☐ 주문·배송 확인
오후	행사 준비	☐ 현수막 의뢰 ☐ 참석자 명단 ☐ 촬영 협의 …

⊘ 노하우 2. 적절한 시간대를 선택하기

집중이 잘되는 시간대를 알고 있는가? 이는 신체 리듬에 따라 다를 수 있고, 주변 환경에 따라 달라질 수도 있다. 예를 들어, 오전에는 사무실이 북적이고 대화가 잦지만, 오후에는 외근으로 조용해지는 환경이라면 그 특성에 맞게 일의 종류를 배치할 수 있다.

앞서 집중의 정도나 주제에 따라 일을 묶어서 구분했다면, 이를 언제 할 것인지 정하는 단계다. 나의 경우 점심 먹은 후 식곤증이 심한 편이라, 이 시간에 글쓰기나 기획처럼 깊은 사고가 필요한 일을 하면 업무 효율이 최악이다. 대신 재고 확인이나 택배 요청처럼 절차만 따라 움직이면 되는 단순 작업을 이 시간대에 배치한다.

만약 그날 아침, 단순히 할 일 목록만 적어두고 즉흥적으로 업무를 선택한다면 어떻게 될까? 대개는 힘이 덜 드는 일부터 손대게 된다. 그렇게 오전엔 재고 확인, 택배 요청, 간단한 메일 회신을 하다 보면, 글쓰기는 점심 이후로 밀리게 된다. 점심을 먹고 졸리다면 잘 될 리가 없는 것이다.

반대로, 집중이 잘 되는 시간대에 핵심 업무를 먼저 배치해 두면 다르다. 오전에 글을 쓰고, 오후에 행정 업무를 처리한다. 같은 시간 일을 했더라도, 전자의 경우 하루 계획의 절반밖에 달성하지 못하지만, 후자의 경우는 전부 실행한 날이 된다.

수학계의 노벨상인 필즈상을 수상한 허준이 교수의 하루 설계도 이와 비슷하다. 허 교수는 한 매체의 인터뷰에서 하루 일과를 다음과 같이 밝혔다.

새벽에 일어나 명상이나 운동을 하며 조용한 시간을 보내고, 아이들과 아침을 먹은 뒤 학교에 데려다 주고 출근한다. 오전에는 3~4시간 정도 연구에만 집중한다. 수학의 난제를 해결할 수 있는 깊이 있는 생각은 이 시간대에 집중한다. 점심 이후에는 짧은 낮잠을 잔 후, 행정적인 업무를 처리한다. 이메일에 답장하거나 수업을 하거나, 수업 준비를 하는 것과 같은 일이다. 그런 다음 저녁이 되면 가족과 시간을 보내고 일찍 잠자리에 든다.

J.K. 롤링 또한 〈해리포터 시리즈〉를 쓸 때, 오전 9시부터 오후 3시까지 오직 글쓰기에만 몰입했다. 무라카미 하루키도 집중적으로 집필에만 쓰는 시간을 정해두었다고 한다. 이와 같이 성공한 인물들은 꼼꼼하게 설계한 일과표를 따른다.

물론 반드시 오전일 필요는 없다. 업무 구조를 스스로 설계할 수 있는 1인 사업가나 프리랜서에게는 가능할지 모르겠지만, 많은 경우 다양한 상황을 고려해야 하기 때문이다. 중요한 건 자신의 생체 리듬과 업무 환경, 일의 성격을 고려해 나만의 최적의 시간대를 찾는 것이다.

그 시간대를 가장 중요한 일에 쓸 수 있다면, 우리도 언젠가 허준이 교수처럼 '내 일에 한 획을 긋는' 순간을 만들 수 있다.

⊘ 노하우 3. 하지 않을 일 선택하기

하루 계획을 세우다 보면 '시간이 모자라는데?' '오늘 다 못하 겠는데?'하는 느낌이 들 때가 있다. 쏟아낸 할 일 목록을 하루 안 에 배치하다 보면 자연스럽게 감이 올 것이다. 이럴 때는 무엇을 덜 어낼 것인지 선택해야 한다.

당신은 얼마나 덜어내고 있는가? 기나긴 할 일 목록을 보면서 도, '일단 되는 데까지 해보자'라는 마음으로 하루를 시작하고 있 지는 않은가?

나는 강의에서 많은 직장인들을 만난다. "어제 계획한 일을 모 두 끝내고 퇴근하신 분?"이라는 질문에 손을 드는 사람은 거의 없 다. 대부분이 '끝내지 못한 일'에 대한 찜찜한 마음을 안고 퇴근한 다. '찜찜하다'의 사전적 의미는 '마음에 꺼림칙한 느낌이 있다.'이 다. 개운함이 아니라, 꺼림칙한 느낌으로 하루를 마무리하고 있다 는 것이다.

이 찜찜함은 처음엔 가벼운 불편 정도다. 그러나 그 상태가 하 루, 이틀, 일주일 계속되면 불편한 줄도 모른 채 무기력한 루틴이 된 다. 마치 모래주머니를 달고 다니는 것처럼 퇴근 후에도 마음이 무 겁고, 일요일 밤이 되면 걱정으로 잠이 오지 않기도 한다.

반대로 할 일을 전부 마무리하고 퇴근한 날은 다르다. 기분이 가볍고, 상쾌하다. 시간을 내가 통제하고 있다는 주도감도 든다. 이런 기분은 퇴근 이후의 시간도 홀가분하게 해준다. 넷플릭스를 봐도 죄책감이 없고, 친구와 대화할 때도 온전히 집중할 수 있다.

일과 삶을 균형 있게 살고 싶다면, 오늘 무엇을 반드시 할 것인지 결정하는 만큼 '무엇을 하지 않을 것인가'도 분명히 해야 한다. 오늘 얼마나 일을 할 것인지에 대해 생각하며 덜어내고 선택하는 능력을 키울 필요가 있다. 일은 밀려 있는데, 퇴근 후의 시간만 즐거운 인생은 없다.

모든 걸 다 하려는 계획은 결국 어느 것 하나에도 집중하지 못하게 만든다. 실제로, 강의에서 만난 한 직장인은 퇴근 후 독서와 운동, 파이썬 공부를 하겠다고 했다. 세 가지 모두 중요하다는 이유로 우선순위는 정하지 않았다. 일주일 후, 그는 "독서는 조금, 운동은 1회, 파이썬은 손도 못 댔어요"라고 말했다.

다시 계획을 조정했다. 1순위를 파이썬 공부로 정하고 매일 조금이라도 하기로 했다. 체력과 여유가 있을 때만 운동이나 독서를 하기로 했다. 일주일 후, 상당한 변화가 있었다. 파이썬 공부는 매일 할 수 있었다며, 벌써 챕터 3까지 진도가 나갔다고 기뻐했다. 그리고 독서는 못했지만, 운동은 세 번이나 했다고 말했다. 정하고, 덜어냈더니 오히려 더 할 수 있었다.

'모든 게 중요하니 되는 데까지 하겠다'는 계획은 어느 하나에도 집중하기 어렵게 만든다. 오늘 할 일과 하지 않을 일에 대한 기준선을 명확히 하자. 시간이 허락하는 날은 조금 더 하면 된다. 그런 날은 아주 드물지만 말이다.

오늘 반드시 할 일의 '선'을 긋는 순간, 집중력은 향상된다. 오늘의 목표의식이 명확해지면, 커피를 마시러 가자거나 담배를 피우러 나가자는 동료의 권유에도 생각 없이 따라나서지 않게 된다.

또 목표의식은 업무 효율을 높이는 작동 장치가 된다. 회의가 필요한 업무인지 아닌지를 선별하고, 막판 수정을 줄이기 위해 중간 보고로 방향성도 미리 점검할 수 있다. 파일 정리 방식까지 바꾸게 만든다. '오늘의 선명한 목표'는 그만큼 실질적으로 영향을 미친다.

게다가 오늘 하지 않을 일을 명확히 정하면 그 일을 처리할 시간을 자연스럽게 찾아내게 된다. 내일이 될 수도 있고 다음 주가 될 수도 있지만, 달력 어딘가에 그 업무가 들어갈 구체적인 칸이 생긴다는 사실이 중요하다. 이렇게 재배치하는 습관이 한두 주만 지속해도 과도하게 업무를 끼워 넣지 않는 시스템이 만들어진다.

오늘 처리할 수 있는 분량이 점점 선명해지고, 미래 일정에도 이미 다른 업무가 예정되어 있음을 자각하니 '몇 주 뒤는 비어 있으니까 괜찮겠지?'하며 덥석 새로운 일을 떠맡는 일이 현저히 줄어든다. 매번 그때 가서 허덕이는 패턴을 반복하는 사람이라면, 이 방법을 시도해 보자.

할 일 목록을 적는 것만으로는 부족하다. 정말 중요한 것은 그 중 무엇을 언제 할지, 무엇을 하지 않을지를 선택하는 일이다.

① 업무 주제나 집중도에 따라 일을 묶고
② 집중이 최고로 오를 시간에 가장 중요한 한 일을 배치하며
③ 오늘 할 일과 하지 않을 일을 구분한다.

일단 해보자. 생각보다 훨씬 간단하고, 놀랄 만큼 홀가분한 하루의 끝을 마주하게 될 것이다.

3단계: 조정하기

계획을 다 세웠다면, 이제 검산할 차례다. 꼭 해야 하는 것은 무엇이고 덜어내지 못한 욕심은 없는지, 체력적으로 무리는 없을지, 고려하지 않은 부분은 없는지, 그리고 무엇보다 이렇게 하루를 보내면 만족스러울지를 살펴본다.

이 과정을 거치면 하루를 눈으로 예행연습한 듯한 기분이 든다. 자연스럽게 몸과 마음이 워밍업되고, 이만하면 됐다는 안도감과 "자, 오늘도 해보자!"하는 다짐이 동시에 올라온다. 업무 전, 시원한 아이스 아메리카노 한 모금이 주는 청량감! 그와 맞먹는 힘이 바로 이 '조정하기' 단계에서 생긴다. 그럼 어떤 기준으로 조정하면 좋을까? 핵심은 세 가지다.

⊘ 기준 1. 업무 시간과 업무 양의 균형 조정하기

- 이 시간 안에 모두 가능한 일들인가?
- 중요한 일에 충분한 시간이 배정되어 있는가?

할 일이 많은 날이 있다. 어느 하나도 내려놓으면 안 될 것 같은 데 목록은 길기만 하다. 딱 봐도 다 못 할 것 같지만, 막상 줄일 용기도 나지 않는다. 그런데 이렇게 아무것도 덜어내지 못할수록 집중은 더 어려워진다. 조급함에 일을 서둘러 엉성하게 마무리하거나, 압박감 때문에 괜히 주변 사람들에게 날카롭게 굴기도 한다. 무엇보다 자신에게 제일 좋지 않다.

가득 찬 계획일수록 조정이 필요하다. 먼저, 할 일의 개수를 줄여보자. 10개의 일 중 세 개를 다음 날로 미루고 일곱 개만 남겨보는 식이다. 그게 어렵다면, 일의 범위를 조정하자. 오늘 '상세페이지 구성 전체'를 끝내야 한다면, 그중 '고객 리뷰 재구성'까지만 마무리하는 것으로 범위를 좁히는 식이다.

만약 일의 양도 범위도 줄일 수 없다면, 시간을 재배치해야 한다. 예를 들어 오늘 저녁에 예정되어 있던 운동을 쉬겠다고 미리 결정하고 그 시간까지 업무에 배정하는 것이다. 만약 운동을 포기하지 않은 채 계획을 짰다면, 결국 야근하게 되고 오늘은 결국 운동을 못 했다며 쓸쓸해질 것이다. 하지만 미리 조정하고 선택했다면, 그것은 단순한 포기가 아니라 스스로 선택한 집중의 시간이 된다.

⊘ 기준 2. 우선순위 조정하기

첫 번째 기준으로 점검하다 보면, 자연스럽게 무엇을 먼저 해야 할지 생각하게 된다. 이때 필요한 것이 바로 우선순위의 조정이다. 도움이 되는 질문은 다음과 같다.

- 가장 중요한 일, 급한 일, 영향력이 큰 일은 무엇인가?
- 가장 하고 싶은 일은 무엇인가?

앞의 질문은 외부적 기준, 뒤의 질문은 내면의 동기와 관련한 것이다. 이 둘을 함께 고려하면, 단순한 중요도 정리를 넘어, 오늘 나에게 가장 의미 있는 선택이 무엇인지 파악할 수 있다.

종종 우리는 다 중요하다는 생각에 빠져 모든 일을 동일 선상에 올려두곤 한다. 하지만 모두 중요하다고 생각할수록 어느 하나도 제대로 끝내지 못하는 경우가 많다. '적어도 이것만큼은 챙겨야지'라고 생각되는 것을 정하고 집중하는 게 오히려 더 많은 일을,

더 빠르게 할 수 있는 비결이다.

⊘ 기준 3. 일정과 일정 사이의 연결 조정하기

세 번째는 일정 사이의 연결에 대해 살펴본다.

• 준비와 이동 시간을 충분히 고려한 계획인가?
• 일정 후 회복 시간이 포함된 계획인가?
• 일과 일 사이에 숨 쉴 틈이 있는가?

우리가 사는 하루는 단순히 '할 일의 목록'으로만 이어져 있지 않다. 이동과 마음의 준비, 짧은 휴식처럼 눈에 보이지 않는 여러 틈이 실제 하루의 결을 결정한다.

하루의 틈을 설계하고나서부터 일상이 훨씬 여유로워졌다. 가령, 일정을 계획할 때 준비 시간과 일정 후 휴식 시간까지 함께 고려하는 것이다. 예전에는 '3시 약속'만 달력에 적어두게 되니, 3시에 맞춰 도착하는 것만 목표가 되었다. 그러니 이전 업무를 급하게 마무리하고 시간에 맞춰서 가기 바빴다.

그래서 일정 준비 시간, 일정 후 휴식 시간까지 함께 계획하는 것으로 바꿨다. '3시 약속이니까 2시 출발, 1시 30분 준비'. 그렇게 계획을 세우니 이전 일정도 자연스럽게 1시쯤 마무리하며 편안한 마음으로 일정을 대할 수 있었다. 또한 다녀와서 휴식 시간까지 미리 확보가 되어 있으니, 허겁지겁 다음 일로 넘어가지도 않게 되었다. 계획하는 법 하나를 바꾼 것일 뿐인데 하루에 여유가 생긴 것이다.

의외의 효과도 있었다. 시간 여유가 생기니 사람을 대하는 마음도 달라진 것이다. 예전에는 나의 단장에만 집중했다면, 이제는 '상대를 맞이할 준비'를 할 수 있게 되었다. 최근 그 사람이 어떤 일을 겪었는지 떠올려보거나, 오늘은 어떤 이야기를 나누고 싶을지 생각해보는 시간. 이런 시간을 통해, 우리는 만남의 질을 높일 수 있다. 하나마나한 이야기만 하고 헤어지는 것이 아니라, 오늘의 만남을 통해 서로를 하나라도 더 알게 되는 시간이 되는 것이다.

가끔은 작은 선물을 챙기기도 한다. 좀 더 시간이 된다면 한두 줄의 짧은 쪽지까지 쓸 수 있다. 갑자기 작은 선물을 준비한다고 하면 의아할 수도 있는데, 며칠 전에 산 예쁜 색의 볼펜이나 책갈피, 최근 발견한 맛있는 과자 같은 것들이다. 정말 작은 것들이지 않은가? 그런데 이것을 준비하는 건 '요즘 나에게 기쁨을 주는 이 작은 것을 너와 함께 나누고 싶어'하는 마음을 전하는 것이라 생각한다. 또 이를 통해 간단한 대화를 시도할 수 있기도 하다. 이 모든 것은 준비하는 시간까지를 계획에 넣은 후 생긴 변화다.

하물며 개인적인 만남도 이렇게 달라지는데, 업무라면 그 효과는 더욱 커질 것이다. '2시 회의'라고 스케줄만 적어두면, 1시 55분까지 다른 업무를 하다가 서둘러 회의에 달려가야 하는 상황이 벌어질 수 있다. 그런데 '2시 회의 → 1시 30분 회의 준비'로 조정해 두면, 행동이 달라지게 된다. 그 30분 동안 오늘 안건을 다시 들여다보게 되고, 이번 회의에서 반드시 짚고 넘어가야 할 포인트를 머리에 새기게 된다.

회의에 참석하는 것이 목적이 아니다. 회의를 통해 내가 원하는 바를 관철시키고 팀 전체가 원활하게 협의점을 찾는 것, 그게 진짜 목적이다. 그러려면 참석보다 '준비'가 더 중요하다. 회의 후에도 마찬가지다. 30분 정리 시간을 계획에 넣어보자. 그러면 회의에서 결정된 사항과 각 부서에 공유할 내용, 즉시 처리해야 할 일이 흐트러지기 전에 깔끔하게 정리된다. 이런 시간을 확보하지 않으면 어떻게 될까? 나중에 해야겠다고 한 일들은 잊히고, 논의한 쟁점은 더 모호해지며 결국 다시 회의가 필요해지기도 한다.

일을 잘하는 사람은 준비와 마무리가 다르다. 당신의 하루에도 스케줄 앞의 '정리 시간'과 스케줄 뒤의 '정돈 시간' 그리고 다음 일로 넘어가기 위한 '작은 숨 고르기'가 들어가 있는지 살펴보자. 일정과 일정 사이의 연결고리를 조정하자.

수학 문제를 풀고서도 '검산'을 한다. 내가 한 계산이 맞는지, 다시 살펴보는 단계다. 이 단계를 통해, 우리는 실수를 바로잡고, 잃을 뻔했던 점수를 만회할 수 있다. 계획도 마찬가지다. 세운 계획을 다시 한번 보면서 조정한다.

"이 계획이 정말 현실적인가?"
"가장 중요한 일에 충분한 시간이 배정됐는가?"
"숨 쉴 틈은 있는가?"

이렇게 한 번 더 살펴보고, 다듬어주는 그 시간만큼 우리는 하루를 더 잘 살아낼 수 있다. 살펴보고 가꾼 만큼, 원하는 하루가 될 가능성이 훨씬 높다.

계획을 현실로 만드는
다섯 가지 방법

계획과 실천은 전혀 다른 영역이다. 사랑의 작대기처럼 이 둘을 한 세트씩 잘 연결해 주는 것이 매일의 미션이다. 실천하기 용이하도록 계획을 잘 세우기도 해야겠지만, 그럼에도 이 둘을 연결하는 것이 어려운 날이 있다. 그것도 여러 날.

일상의 실천력을 높이는 다섯 가지의 방법을 제시한다. 사람에 따라 그리고 상황에 따라 효과가 다를 수 있기 때문에 최대한 많은 방법을 알고, 그것을 알맞은 때에 적용하는 것이 실천의 지름길이다. '하기 싫다' '하기 어렵다'라는 생각이 들 때, 이것들 중 하나 이상을 적용해 보자. 나 또한 이것들을 필요에 따라 적용하며, 계획과 실천의 연결고리를 만들고 있다.

⊘ 첫째, 자주 확인하기

그저 스스로 세운 계획을 자주 보기만 하면 된다. 이것은 어떤 상황에서도 매일 적용해야 할 만큼 실천에 효과적이다. 게다가 매우 간단하기까지 하다.

당신은 새해에 세운 계획을 잘 지키는 사람인가? 사실, 새해에 어떤 계획을 세웠는지 기억도 안나는 사람이 훨씬 많다. 만약 새해 계획을 책상 앞이나 냉장고 문에 붙여 두기라도 했다면 아마 다른 한 해가 되었을 것이다.

우리가 계획을 실천하지 못하는 대표적인 이유는 어처구니 없게도 잊어버리기 때문이다. 사실 오늘 점심에 어떤 반찬이 나왔는지도 돌아서면 생각이 나지 않으니 그리 이상한 일도 아니다. 그러니 자주 보게 만들자. 자주 보면 머릿속에 각인되고, 이는 곧 행동력으로 이어진다.

한 달 이상의 장기 목표라면 핸드폰 배경화면, 책상 앞, 거울에 붙여두자. 비전 보드를 만들어봐도 좋다. 계속 보면 잊지 않게 되고, 잊지 않으니 그것을 할 방법을 무의식적으로 구상하게 된다. "비전보드를 만들어 두었더니, 이중 많은 것들이 현실이 되었어요!"라고 하는 것은 마법이 아니다. 계속 보면 그 방향으로 자연스럽게 생각이 흐르고, 생각이 흐르면 행동하게 된다.

하루의 계획도 마찬가지다. 계획을 세우고, 업무를 마칠 때나 하루를 마무리할 때 보는 것이 아니라 수시로 보면서 지금 할 것을 확인하고, 업무 순서를 조정하자. 나는 책상 앞에서 일할 때는 플래너를 독서대에 펴 두고, 수시로 확인을 한다. 그렇게 하지 않은 날과 비교하면 행동력 차이가 뚜렷하다. 실천력이 좋은 사람은 따로 있는 게 아니다. '지금 내가 뭘 하려고 하는지'를 계속 인식할 수 있는 환경을 만들었느냐가 행동력을 좌우한다.

만약 수시로 확인하기 어려운 환경이라면, 다음의 하루 세 번 확인 루틴을 추천한다.

① 점심 먹기 전 – 오전 업무 진척 사항 확인

② 오후 업무 시작 전 – 오후 업무 우선순위 확인

③ 오후 업무 중 – 퇴근 전까지 집중할 일 확인

하루에 세 번만이라도 계획을 확인하면, 하루의 만족도는 크게 달라질 수 있다. 이 세 번의 확인을 위한 알람을 맞춰두는 것도 좋은 방법이다.

지금 바로 적용해 보자. 오늘은 어떤 계획을 세웠는가? 잠시 멈추고, 당신의 계획을 다시 확인해 보자.

⊘ 둘째, 다른 사람과 약속하기

자신과의 약속은 쉽게 어겨도, 타인과의 약속은 어기기가 쉽지 않다. 그래서 의도적으로 타인과 약속을 만드는 것이 도움이 된다.

실제로 나는 지금 이 글을 출산과 육아 중에 쓰고 있다. 여러 번 마감 기한을 변경했다. 이제는 반드시 완성을 하고 싶지만, 글에 집중하기 어려운 상황은 여전하다. 그래서 매주 한 챕터씩 글을 보내기로 담당 편집자와 약속했다. 편집자는 그 약속을 꼼꼼하게 챙긴다. 원고를 보내지 않으면, 어김없이 메일이 온다. 그렇게 연락을 받으면 나는 결국 책상 앞에 앉게 된다. 결국 나는 이 글도 편집자와의 약속 덕분에, 한 조각씩 완성해 나가고 있는 셈이다.

계획을 세우면서도 의심이 들 때가 있다. '아, 진짜 내가 할 수 있을까?' 이런 마음이 들때도, 타인과의 약속을 적극적으로 활용해보자. 직장인이라면, 일을 받을 때 스스로 마감 일정을 설정할 수 있다. "다음 주 월요일까지 중간 보고 드릴게요!"라는 식으로 말이다. 운동을 계속 미루게 된다면, PT 선생님과의 약속을 활용하자. 게다가 PT 약속은 '비싼' 약속이기 때문에, 지키지 않기가 더욱 어렵다.

모임을 활용하는 것도 하나의 방법이다. 혼자 책을 읽기 어렵다면 독서모임에 들어가고, 혼자서 매일 계획하고 실천하며 점검하는 루틴이 어려울 땐, 시간관리 모임을 활용하자. 이 모두가 '약속을 만드는 일'이다. 그리고 그 약속이 우리를 실천으로 이끈다.

⊘ 셋째, 조금이라도 하기

우리는 종종 제대로 못 할 바에는 아예 안 하는 게 낫다는 착각에 빠진다. 완벽주의라는 탈을 쓴 미루고 싶은 마음일 뿐이다. 이런 마음이 들면, 완벽주의라는 탈을 쓴 미루고 싶은 마음일 뿐이라는 걸 간파하자. 그리고 '조금이라도 해보자'고 생각을 전환하자.

예컨대 유튜브 시나리오를 써야 하지만 귀찮고 피곤해서 손이 가지 않을 때, '일단 제목이라도 적어두자'고 자신에게 제안한다. 정말 제목만 쓰고 끝날 수도 있지만, 막상 손을 대다 보면 예상보다 집중이 잘되고 더 나아갈 때가 많다.

'일부라도 한다'는 마인드셋을 각기 다른 상황에서 적용해 보았다. 예시를 보고, 자신의 상황에 응용해 보자.

대상	미루고 싶은 상황	"조금이라도 한다" 적용 예시
대학생	자격증 공부가 막막하게 느껴질 때	"지금 다 못하더라도, 기출 문제 세 개만 풀자." "한 단원 제목만 읽고 접자."
회사원	밀린 회사 일을 시작하기 싫을 때	"전체는 무리라도, 메일 한 통만 회신하자." "보고서 개요라도 적어두자."
가정주부	집안 정리가 귀찮고 손에 안 잡힐 때	"바닥에 떨어진 것만 주워보자." "일단 싱크대에 있는 컵 세 개만 설거지하자."
크리에이터	기획이 부담스럽고 미루고 싶을 때	"다 못 써도, 콘텐츠 제목만 적어보자." "기획노트만 펼쳐보자."

'내일 하자'가 아니라 '조금이라도 지금 해보자'고 마음먹는 순간 부담은 줄고, 우리는 어느새 생각보다 훨씬 멀리 와 있게 된다.

⊘ 넷째, 젯밥으로 동기부여 하기

'제사보다 젯밥에 더 관심이 많다'는 말이 있다. 꼭 제사의 본질에 집중해야만 의미가 있을까? 젯밥을 얻기 위해 제사를 지내는 것이라 할지라도, 제사를 지내기는 지내는 것이다. 목표에 도달하기 위한 동기가 무엇이든, 행동하면 그 자체로 값진 것이다.

실제로 며칠 전 꽤 먼 거리까지 걸었다. '건강을 위해 한 시간을 걸어야지'라고 하면, 중간에 택시를 잡아탔을 것이다. 하지만 '한 시간 걸어서 그 근처에 생긴 새로운 카페에 가야지!'라고 다르게 생각하니 힘들어도 참고 걷게 됐다. 본질에 대한 집중보다 카페 구경이 나를 움직이게 한 것이다.

이렇듯 나는 곁밥을 잘 활용하는 편이다. 작업이 끝나면 좋아하는 유튜브 영상을 보거나, 글을 다 쓰면 초콜릿 한 조각을 먹기로 한다. 나를 위한 작은 보상을 이곳저곳에 숨겨두면, 어려운 고비를 넘을 수 있고, 그 과정마저 즐거워진다.

당신도 이런 성향이라면 보상을 활용해 보자. 곁밥은 때로 제사보다 강력한 추진력을 제공한다.

⊘ 다섯째, 그냥 하지 말자고 생각하기

우리에겐 청개구리 심보가 있다. '해야지, 해야지' 하면 오히려 더 하기 싫은 마음이 올라온다. 그렇다면 반대로 해보자. '귀찮아? 하지 말자. 그냥 다 하지 말자!'라고 마음을 툭 놓아버리는 것이다.

재밌게도 그렇게 생각하면, 오히려 '그렇게까지 다 안 하고 싶은 건 아니었는데…'하는 마음이 피어난다. 나는 글을 정말 쓰기 싫을 때 이렇게 말한다. '하지 말자. 원고 마감이 밀렸고, 지금 책상에 앉지 않으면 약속을 어기게 되겠지만, 뭐 어때? 그냥 하지 말아버리자!' 그렇게 선언하듯 말해버리면, 마음속 어딘가에서 '아니,

그건 좀 너무하잖아?'라는 목소리가 튀어나온다. 그리고 어느새 나는 책상에 앉아있게 된다.

해야 한다는 생각이 나를 짓누를 때, 오히려 '다 안 해도 괜찮아'라고 말해보자. 그러면 마음속에서, 조용히 다시 시작할 힘이 자라날지도 모른다.

지속가능한 목표는
따로 있다

울면서 유튜브 썸네일과 제목을 계속 바꾸던 밤이 떠오른다. 생각보다 현저히 낮은 조회 수에 속상해하면서, 어떻게 하면 더 많이 클릭하게 할 수 있을까를 고민했다. 영상의 내용이 아무리 좋다 해도, 클릭되지 못하면 보여줄 기회조차 없으니까 말이다.

애정을 갖고 운영한 채널이라 잘 하고 싶었다. 10분 이상의 긴 영상이다 보니, 편집 시간도 꽤 많이 소요되었다. 들어가는 시간과 노력이 크면 클수록 결과에 대한 기대도 커졌다. 결과가 기대에 못 미쳐 속상한 날이 더 많았다. 점점 지쳐가기 시작했고, 열심히 하던 유튜브 채널에 오만정이 떨어지는 날도 있었다. 자연스럽게 업로드 횟수도 드문드문 구멍이 많아졌다.

나는 이런 실수를 또 비슷하게 저질렀다. 첫 책을 내고 난 후였다. 첫 책이다 보니 기대감이 컸다. 책이 많이 알려지면 좋겠다는 생각을 했고, 몇몇 유튜브 채널에 출연 제안 메일을 보냈다. 자기계발 유튜브를 보는 사람들은 모두 알 만한 채널들이었다. 결과는? 답장도 받지 못했다. 그 답장을 기다리는 동안 하루가 다르게 마음이 의기소침해졌던 기억이 난다.

사실 그때를 돌이켜 보면 즐길 만한 요소도 많았다. 온라인 서점에서 분야 베스트셀러가 되었고, 많은 독자가 실질적인 도움을 받았다는 후기도 올려주었다. 생각지도 못한 곳에서 강의 제안이 왔었다. 분명 좋은 일이고, 이전과 다른 괄목할 만한 성과였음에도 그 기쁨을 잘 즐기지 못했다. 스스로 세워둔 기준이 너무 높았기 때문이었다.

연말에 친구들과 모여서 한 해를 돌아보는 이야기를 하던 중, 한 친구가 이렇게 말했다. "올해에 지하가 정말 잘 되었잖아." 이 말을 듣는데 갑자기 머리가 멍 해졌다. '그래, 나에게 올해 정말 새롭고 좋은 일이 많았지. 그런데 나는 왜 이렇게 계속 부족하다고 느끼고 있는 거야? 왜 이걸 그대로 즐기지 못하고 있는 거지? 난 무엇을 바라고 있는 거야?'하는 생각들이 쏟아져 나왔다. 스스로 세워 둔 높은 목표, 게다가 스스로 조율하기 어려운 목표를 세워두고 늘 부족하고 고갈되는 마음을 느끼고 있었다는 걸 깨달았다. 그날 친구의 한 마디로 목표를 대하는 마음가짐이 완전히 달라졌다.

⊘ 목표에는 두 종류가 있다

우리는 흔히 '목표'라고 말할 때, 모든 것을 똑같은 무게로 간주한다. 하지만 실제로는 성격이 전혀 다른 두 가지 목표가 있다.

A: 유튜브 영상 조회 수 1만 회 달성
B: 유튜브 영상을 한 달에 여덟 개 업로드

이 둘 중에 자신이 컨트롤 할 수 있는 목표는 어느 쪽인가? A는 알고리즘, 시청자 반응, 타이밍 등 외부요인에 따라 달라지는 성과목표며, B는 내 시간과 노력을 통해 직접 실행할 수 있는 행동을 정한 과정목표다. 자신이 세운 목표가 성과목표인지 과정목표인지를 파악하고, 상황에 맞는 목표를 세워야 한다.

⊘ 성과목표(outcome goal)와 과정목표(process goal)

성과목표는 '어디에 도달할 것인가'를 정하는 목표다. 예를 들어 구독자 1만 명 달성하기, 월 매출 500만 원 만들기, 신상품 초도 수량 완판하기 등이 여기에 해당한다. 하지만 문제는 내가 전적으로 통제할 수 없는 요소들이 얽혀 있다는 것이다. 열심히 해도 결과가 나오지 않을 수 있고, 반대로 대충해도 운 좋게 결과가 나올 수도 있다. 그래서 성과목표만을 바라보고 있으면 마음이 쉽게 지친다. 남과 비교하면서 조급해지고 실망하게 된다.

과정목표는 '그곳에 도달하기 위해 무엇을 할 것인가'에 대한 목표다. 즉 내가 직접 실행하고 관리할 수 있는 행동 중심의 목표다. 예를 들어, 한 달에 영상 여덟 개 업로드 하기, 제안서 20개 보내기, 신상품 완판을 위해 홍보 영상 A/B 테스트하기 와 같은 것이다. 이런 것들은 모두 스스로 정하고 실행할 수 있는 일이다.

성과목표와 과정목표는 서로 부족한 점을 보완할 수 있도록 정하는 것이 중요하다. 성과목표는 자신이 완전히 컨트롤 할 수 없지만 과정목표를 어떻게 설계하느냐에 따라서 달성 가능성을 높일 수는 있기 때문이다. 다음은 하나의 성과목표에 연결된 두 가지의 과정목표다.

- **성과목표**: 유튜브 조회수 1만 회가 나오는 영상을 만든다.
- **과정목표 1**: 유튜브를 한 달에 여덟 개 업로드 한다.
- **과정목표 2**: 영상마다 제목과 썸네일 후보를 각각 다섯 개씩 만들어 본다.

⊘ 점점 잘 할 수 있게 하는 목표 세우기

과정목표 1은 지속적인 실행을 위한 목표이고, 과정목표 2는 퀄리티를 높이기 위한 실험과 개선의 목표이다. 꾸준히 하는 것 만으로는 충분하지 않을 수 있다. 성과목표에 가까워지기 위해서는 지속적인 실행 속에서 더 나은 방향을 찾아가는 전략이 필요하다. 조회 수 1만 회를 만들고 싶다면 어떤 주제가 반응이 좋았는지, 어떤 썸네일이 클릭을 유도했는지, 영상을 본 사람들이 어떤 댓글을 남겼는지를 분석하고 반영해야 한다.

꾸준히 하는 것만으로는 부족하다. 성과목표와 함께 과정목표를 설정하되, 그 과정목표는 더 나아질 방법을 찾는 과정이 담겨야한다. 각자의 다양한 라이프스타일을 고려해 성과목표와 과정목표를 설정할 수 있다.

나는 이제 성과목표만 세우지 않는다. 성과는 여전히 중요하지만, 그것만 바라보다가 마음이 고갈되는 경험을 다시 하고 싶진 않기 때문이다. 성과를 향해 가는 과정에 더 많은 무게를 둔다. 내가 직접 실행하고 통제할 수 있는 행동 목표들을 세우고, 그것들을 하나씩 실천해 나간다. 결과는 여전히 예측할 수 없지만, 오늘 내가 할 수 있는 일은 분명히 있다. 성과목표는 나의 방향을 알려주는 나침반이고, 과정목표는 그 길을 걷는 발걸음이라는 걸 이제는 안다. 그렇게 목표는 더 이상 나를 몰아붙이는 것이 아니라, 지속 가능하게 나를 성장시키는 도구가 된다.

과정목표를 중심에 두면서 나는 조금씩 달라졌다. 영상 하나를 올리더라도 썸네일을 다섯 개씩 고민하며 A/B 테스트를 해보는 과정에서 선택의 감각을 배웠고, 책을 알리고 싶어 보냈던 메일을 통해서는 내 언어를 돌아보는 시간을 가졌다. 이 모든 경험이 결과와 상관없이 나를 성장시켰다. 그리고 무엇보다 삶의 현재를 즐길 수 있게 해주었다.

이에 더해, 더 나아질 방법을 찾는 과정목표를 통해, 매 시도가 왜 성공했고, 왜 실패했는지에 대한 이유를 알아가고 있다. 어제 잘된 방법은 오늘도 적용하고, 어제 잘 안 된 방법은 바꿔서 새로운 방식을 적용한다. 같은 것을 하지만 온전히 같은 방식으로 하는 날은 없다. 과정 자체에서 배우는 것이 많으니 꾸준하게 하는 과정 자체가 지루하지 않은 것이다. 그러니 오히려 성과목표의 도달 지점에만 목매지 않게 된다. 과정만이 온전히 내 것이다. 아래는 다양한 종류의 성과목표와 과정목표다. 예시를 보고, 자신에게 맞게 응용해보자.

직장인

- **성과목표**: 올해 발표한 기획안 중 한 개 이상이 채택되어 실행
- **과정목표 1** (지속적 실행): 매월 한 건 이상 기획안 아이디어 정리 및 상사에게 공유
- **과정목표 2** (전략적 개선): 제안 후 피드백을 받아 발표자료 및 실행안 보완

1인 기업가

- **성과목표**: 월 매출 1,000만 원 달성
- **과정목표 1** (지속적 실행): 주 2회 이상 제품/서비스 소개 콘텐츠 발행
- **과정목표 2** (전략적 개선): 콘텐츠별 반응 분석 후 타겟 문구, 업로드 시간 조정

사업가

- **성과목표**: 신규 거래처 10곳 확보
- **과정목표 1** (지속적 실행): 주 3회 이상 신규 제안서 발송 및 미팅 제안
- **과정목표 2** (전략적 개선): 거절된 제안서의 피드백을 분석해 템플릿 개선

작가

- **성과목표**: 책 1만 부 판매
- **과정목표 1** (지속적 실행): 주 2회 콘텐츠 발행으로 독자와 연결
- **과정목표 2** (전략적 개선): 콘텐츠 반응 분석 후 제목, 길이, 발행 시간 조정

공무원

- **성과목표**: 정책 제안이 부서에 채택
- **과정목표 1 (지속적 실행)**: 월 1회 정책 아이디어 정리 및 선행사례 리서치
- **과정목표 2 (전략적 개선)**: 상사·동료 피드백을 받아 정책안 보완

취준생

- **성과목표**: 3개월 내 서류 통과 + 면접 1회 이상 경험
- **과정목표 1 (지속적 실행)**: 매주 3회 이상 채용공고 확인 및 맞춤 지원서 작성
- **과정목표 2 (전략적 개선)**: 면접 후기와 서류 피드백을 바탕으로 이력서·자소서 개선

일상(개인)

- **성과목표**: 하프 마라톤 대회에 출전
- **과정목표 1 (지속적 실행)**: 주 3회 이상 5km 이상 러닝 훈련
- **과정목표 2 (전략적 개선)**: 월 1회 기록 점검 및 훈련 강도·식단 피드백 반영

집중을 위해
빼고, 더하기

초등학교 3학년인 조카를 데리고 카페에 가서 일을 했다. 초등학생도 꽤나 할 것이 많기 때문이다. 조카의 가방은 내 노트북 가방만큼 무겁다. 수학문제집, 독서 숙제를 위한 책과 독후감 노트, 낱말 퀴즈 문제집, 영어 단어 책 등. 하루에 매일 해야 하는 양이 적지 않았다.

그 전날, 조카가 공부하는 모습을 보게 되었다. 여러 사람이 북적이는 집에서 피곤한 얼굴로 애써 문제집을 들여다보고 있었다. 어른이라도 집중이 잘 될 리가 없는 환경에서 문제집을 붙들고 꾸역꾸역 한 문제씩 풀고 있었다. 그러다 갓 태어난 사촌동생이 울기라도 하면, 쪼르르 달려갔다. 이렇게 집중력이 다른 곳으로 새어나간 걸 들키면 내 동생, 그러니까 자신의 엄마에게 어김없이 잔소리를 들었다. 내가 보기엔 이 상황이 아이와 엄마 둘 모두에게 고역처럼 느껴졌다.

그래서 내가 일하는 시간에 조카를 함께 카페에 데려왔다. 집의 소음과 갓 태어난 아기의 울음 소리에서 멀어질 공간으로 갔다. 놀랍게도 조카는 집에서는 두 시간이 걸려도 못하던 것을 한 시간 만에 깔끔히 끝냈다. 스스로도 후련해했다. 이제 놀 수 있다며 매우 즐거워하며 나에게 물었다. "이모, 내일 또 올 수 있어요?" 그래서 내가 함께 있는 일주일 동안은 매일 와서 집중했고, 덕분에 홀가분한 오후를 보낼 수 있었다.

초등학생도 느낀 것이다. 직감적으로 자신이 더 몰입할 수 있는 환경이 따로 있다는 것을 말이다. 무조건 집중하라고 아이를 다그치지 않아도, 스스로 해낼 수 있는 분위기가 있는 것이다. 나에게 맞는 환경을 만드는 것만으로도 실행의 문제가 해결된다.

⊘ 집중을 방해하는 것을 빼기

집중을 방해하는 것들과 의도적으로 멀어져야 한다. 다음은 집중을 방해하는 대표적인 것들이다.

- **시각적인 산만함**: 갑자기 정리가 하고 싶게 만드는 잡다한 물건들
- **소음**: 거실에서 가족들이 텔레비전을 보는 소리, 카페의 과도한 웅성거림 등
- **가족, 친구, 동료의 부름**: 누군가가 나를 수시로 부르는 소리
- **핸드폰**: 핸드폰! 핸드폰! 핸드폰! 존재 자체가 몰입을 방해
- **메신저**: 알림이 오지 않아도, 자꾸만 확인하고 싶어짐
- **온도**: 춥거나, 덥거나, 습하거나 모두 집중을 어렵게 함
- **잡생각**: 갑자기 해야 할 것이나 좋은 아이디어 혹은 걱정 등이 튀어나옴
- **피로함**: 하교 직후 숙제하기, 퇴근 직후 독서를 하기에는 에너지가 부족함

이것들은 너무 사소해서 깨어 있는 시간 동안 한 개 이상은 항상 나에게 들러붙어 있다. 때문에 우리는 이것들이 나를 귀찮게 하고 있다는 것을 깨닫지 못하는 경우가 많다. '그냥 그러려니'하게 되는 약한 만성 통증이나 마찬가지다. 잔잔하게 우리의 삶의 전반에 깔려있다보니, 없애야겠다는 생각을 하기도 어렵다. 불편과 산만함에 길들여져 버린 것이다.

그러나 이 사소한 것들로 인해서 내 하루가 무거워진다. 집중이 되지 않아 앉아 있는 시간이 괴롭고, 해야 할 일을 끝내지 못해 찝

쩝한 채로 저녁을 맞이한다. 너무 사소해서 위 목록을 읽으면서도 '쳇, 이미 다 알고 있는데? 새로운 게 없잖아?'싶은 것들이 내 하루를 좀먹는 것이다. 우리는 당연하고 사소한 것들을 적극적으로 제거할 필요가 있다. 적어도 집중이 필요한 순간만큼은.

공간을 이동하기

시각적으로 산만하거나, 소음 때문에 집중이 안 되거나, 자꾸 나를 부르는 사람들이 있다면 그것들을 각각 제거하는 것 보다 내가 공간을 옮기는 것이 쉽다. 집을 나와 카페로 가거나, 사무실을 나와 조용한 회의실로 갈 수도 있다. 자신의 상황에 맞게 가능한 방법을 찾아 공간을 바꾸자.

이 책 안의 또 다른 챕터에서 말하는 1공간 1목적의 법칙을 적용하는 것이기도 하다. 또한 새로운 공간에 들어설 때, 문을 열기 직전 3초만 멈춰 생각하자. 여기에서 내가 하려고 하는 것을. 그리고 그것을 바로 한다면 빠르게 집중의 모드로 돌입할 수 있다.

물건 치우기

방해되는 물건을 눈에 보이지 않게 치운다. 업무를 하려 할 때, 책상이 지저분하면 빈 플라스틱 박스를 가져와서 책상 위의 물건을 모조리 쓸어담는다. 정리에 에너지를 쓰면 쓸수록 마감 기한은 계속 멀어질 뿐이다. 우선 빠르게 책상을 깨끗하게 치우고 할 일에 집중할 상태를 만들어야 한다.

또한 핸드폰은 손에 닿지 않을 거리에 두는 것이 좋다. 전화를 받아야 한다면 소리는 켜두어도 좋다. 필요할 때, 엉덩이를 일으켜 핸드폰을 가지러 가야 하는 거리에 두자. 생각보다 엉덩이를 일으키는 것은 귀찮다. 쓸데없이 SNS를 확인하고 싶어서 엉덩이를 의자에서 떼는 엄청난 노력은 하지 않을 것이다.

오프라인 모드 만들기

컴퓨터를 쓰지 않고 일을 할 수 있는 사람이 있는가? 아마 드물 것이다. 컴퓨터를 사용할 수 밖에 없는데, 문제는 컴퓨터는 항상 인터넷에 연결되어 있다는 것이다. 핸드폰을 손 닿지 않는 곳에 치우더라도, 아직 강력한 존재 하나가 남아 있는 셈이다. 따라서 인터넷을 끊고 오프라인 모드로 만들거나, 메신저라도 잠시 로그아웃을 해 두자.

나는 글을 쓰기 전에 메신저를 로그아웃 해 두는데, 글이 풀리지 않을 때 무의식적으로 메신저 창을 연다. 그러면 로그인 창이 뜨면서, '아! 내가 메시지가 오지도 않았는데 메신저 창을 습관적으로 열었군!' 하는 인지를 하게 되면서 다시 글쓰기 모드로 돌아간다. 이때 로그인이 이미 되어 있다면 자연스럽게 알림이 떠 있는 메시지를 확인하고, 대화가 이어지는 것이다.

병원에서 안전한 의료시스템을 만들면서 배운 것 중 하나는 문제를 발생시키지 않는 법을 설계하는 것이었다. 최선은 문제가 발생하지 않는 것이고, 차선은 문제가 실수로 발생하더라도 중간 단계에서 걸러지는 것이며, 그것도 어렵다면 문제가 생겼을 때 피해를 최소화하도록 시스템을 설계하는 것이다.

예를 들어 약 포장지에 환자의 이름과 생년월일, 고유 바코드를 인쇄해 A환자의 약이 B환자에게 전달되는 착오가 생기지 않도록 한다. 그럼에도 다양한 이유로 인해 약이 잘못 준비될 수 있는데, 환자에게 투약하기 직전에 발견될 수 있는 단계를 설정한다. 간호사가 환자의 팔찌와 약의 바코드를 스캔하여 일치 여부를 실제로 확인한다. 그럼에도 불구하고 환자에게 잘못된 약이 투여됐다면, 활력징후 모니터링을 통해 빠르게 환자 상태의 변화를 인지할 수 있게 하는 장치를 통해 혹시 모를 피해를 방지할 수 있다.

로그아웃을 하는 것도 이와 같은 맥락이다. 집중력이 흐트러졌을 때 빠르게 되돌아갈 수 있는 장치인 것이다. 이중, 삼중 방어가 필요한 부분이며 그럴 만한 가치가 있다. 작은 걸림돌을 마련하는 것만으로도 다시 할 일을 인지하고 돌아가 오늘의 할 일을 끝낼 수 있으니 말이다.

공기의 질은 중요하다

우리는 동물이다. 온도와 습도 그리고 호르몬에 영향을 받을 수밖에 없다. 나는 미세먼지가 심한 날은 두통에 시달린다. 일기 예보를 보지 않아도, '오늘은 미세먼지가 많은가 보다'하고 느낄 수 있다. 집이 더워서 카페로 갔는데, 카페는 에어컨을 빵빵하게 틀어 춥다. 몸이 편안하지 않으니 집중이 잘 되지 않는다.

우리를 둘러싸고 있는 공기를 느껴보자. 춥거나 덥지는 않은지, 습하지는 않은지, 환기가 필요한지. 자신에게 가장 편안한 환경을 만들기 위한 기본은 보이지 않는 공기에도 신경을 쓰는 것이다.

⊘ 집중을 위한 것을 더하기

집중을 더해주는 요소들 또한 적극적으로 고려해야 한다. 대부분 집중을 위해 빼야 할 것들을 방어하는 것들이라 이어지는 맥락으로 이해하면 기억하기 쉽다.

가장 편안한 상태를 만드는 물건 준비하기

편안한 온도, 습도를 위해 무릎 담요, 손 선풍기, 공기 청정기 가동 등이 상황에 따라 필요하다. 그리고 어디서나 소음을 차단하고 나만의 집중의 상태로 들어가기 위해 노이즈 캔슬링 이어폰은 필수이다. 부산스러운 집을 나와 카페로 가더라도, 카페의 높은 천장에서 울리는 소음이 더 견디기 어려울 때도 있다. 이럴 때, 노이즈 캔슬링 이어폰을 끼고, 장작 소리를 듣는다. 어디서든 나만의 독서실이 완성된다.

메모지와 펜을 항상 옆에 두기

갑자기 다른 생각이 나거나 일이 잘 풀리지 않는다면 메모지와 펜이 도움이 된다. 일을 하다가 갑자기 다른 생각이 난다면 옆에 있는 메모지에 얼른 적어두고 다시 하던 일로 돌아갈 수 있다. 노트북에 다른 창을 켜서 적거나, 핸드폰 메모장에 적을 수도 있지만 이렇게 디지털 도구를 사용하면 또 다른 유혹에 빠질 수도 있다.

머릿속에 있는 생각을 그냥 잊고 할 일로 돌아가는 것은 쉽지 않다. 갑자기 떠오른 생각이 의지만으로 사라지지는 않기 때문이다. 그런데 메모장에 적는 순간, 생각이 머리에서 메모지 위로 물리적으로 옮겨오는 것 같은 효과를 느낄 수 있다. 그러니 자연스럽게 머릿속이 비면서 다시 할 일로 돌아갈 수 있다.

또 다른 상황으로는 일이 잘 풀리지 않아서 집중이 깨지는 경우에는 메모장에 손을 움직이면 풀리는 경우가 많다. 실제로 타이핑을 할 때 쓰는 뇌와 연필로 글을 쓸 때 사용되는 뇌의 부위가 다르다고 한다. 기획, 글쓰기 등 다양한 종류의 업무에서 손을 이용해 메모지에 끄적거리는 것을 통해 집중의 상태를 더 이어갈 수 있었다. 업무 환경 옆에 작은 메모지와 펜을 항상 두고, 그것을 쉽게 잡을 수 있는 거리에 두자. 커서만 깜박 거리는 것만 보다가 커피 한 잔 하려고 일어나는 대신, 엉덩이를 붙이고 일을 이어가는 횟수가 늘어날 것이다.

미리 알리기

같은 공간에 있는 가족이나 친구, 동료 등에게 미리 알려두는 방법이 있다.

- "엄마 1시간만 집중할게. 엄마도 숙제를 해야 하거든. 얼른 끝내고, 같이 놀자! 엄마가 나올 때까지, 방 문을 두드리지 말아줘. 도움이 필요한 일이 있으면 아빠에게 말해."
- "저 집중해서 일을 끝내야 해서, 1시간만 회의실에서 일 하고 올게요! 급한 일 있으면 전화를 주세요. 메신저는 못 봐요."

이 부탁에 들어가야 할 내용은 세 가지다. 집중이 필요한 이유와 소요 시간, 이후의 약속을 담아 말을 해보자. 상대도 내 시간을 존중해 주는 것을 경험할 수 있다. 실제로 한 크루가 계속 엄마를 찾던 여섯 살 아이에게, 엄마가 어떤 일을 하고 이 일이 왜 중요한지를 설명해 주었더니 엄마의 시간을 존중해 주었다고 한다.

회사에서도 내 시간을 보장받을 수 있는 요청해 보자. 한두 시간 회의에 들어가면 실제로도 연락을 못 받지 않는가? 나와의 회의라고 생각하고, 시도해 보자. 회사에서 내가 만들어야 할 가치는 마감 기한 안에, 좋은 결과물을 내는 것이다. 그것을 제외한 나머지는 부차적인 것이다.

타이머 사용하기

집중을 위한 환경설정에 타이머를 빼 놓을 수 없다. 물리적인 타이머도 좋고, 앱도 좋다. 25분 일하고 5분 쉬는 뽀모도로 영상을 유튜브에서 찾아보는 것도 좋다. 타이머를 켜고, 최소 30분에서 1시간 단위의 목표를 정하자.

타이머를 활용하면 좋은 점은 내가 30분 또는 1시간 동안 얼마큼의 일, 공부를 할 수 있는지 파악할 수 있다는 것이다. 30분 동안 책을 몇 페이지 읽는지, 문제집을 몇 페이지 푸는지, 매달 반복하는 월간 공지 제작을 얼만큼 할 수 있는지 알 수 있다. 내가 단위 시간당 할 수 있는 일의 양을 파악하고 있다면, 더 현실적인 계획을 세우고 시간을 확보할 수 있다.

타이머가 돌아가고 있으면, 다른 것으로 빠지고 싶다가도 다시 마음을 잡을 수 있다는 것도 큰 장점이다. 이는 위에서 언급한 '로그아웃' 효과와도 동일하다. '30분 타이머를 맞추었는데, 아직 10분 밖에 되지 않았네? 집중력 10분은 너무 하잖아?'하면서 자신을 타일러서 다시 정신을 가다듬을 수 있다.

⊘ 사막에서 장미를 키우려고 하지 말자

사막에서 장미를 키우는 것은 너무도 어려운 일이다. 아무리 정성을 다해도 꽃을 보기 어려울 것이다. 그럼에도 사막에서 장미꽃 잘 키우는 법을 찾는는 것은 너무 미련하지 않은가? 가장 효과석인 방법은 사막에서 나오는 것이다. 장미가 잘 클 수 있는 땅을 찾아 가는 것이다.

즉 집중이 잘 되는 환경을 만들거나 찾아가는 것이 스스로에게 해 줄 수 있는 가장 큰 선물이다. 집중을 방해하는 것을 빼고, 집중을 돕는 것을 더해 최적의 환경을 조성하자.

회고는
가능한 방법을 찾는 시간

"그냥 꾸준히 했어요."

누군가에게 성공 방식을 물었을 때 이렇게 답했다면, 이건 마치 교과서만 보고 수능 만점을 받았다는 인터뷰와 같은 이야기다. 그가 알았든 몰랐든 '꾸준히'하는 행동을 들여다보면 반드시 녹아 있는 것이 있다. 계획하고, 실천하고, 점검해서, 다시 더 나아질 점을 뽑아 다시 계획을 세우고, 실천하고, 점검하는 사이클을 반복하는 것, 이 네 가지 단계를 끊임없이 밟는 게 사실 전부다. 일이든, 공부든, 운동이든, 요리든, 뭐든 동일하다. 이 사이클을 돌 때 지루하게 반복하는 것 같겠지만 사실은 제자리가 아닌 나선형으로 나아가고 있는 것이다.

A.
제자리 걸음처럼 보이지만

B.
실제로는 나선형으로 나아가는 중

　그런데 계획과 실천은 잘 해도, 점검하고 거기서 교훈을 찾는 단계는 하지 않는 사람들이 많다. 왜냐하면 스스로를 '혼내는' 것으로 마무리되는 경우가 많아서다. 의기소침해지거나, 주눅이 들거나, 죄책감을 느끼니 다시 하고 싶은 마음이 들지 않는 것이다.

　회사 업무로 비유를 해 보자면, 프로젝트가 끝난 뒤 성과 평과 회의 시간에 이런 대화가 오가는 것이나 마찬가지다. "이건 어느 부서 소관인가요? 왜 이렇게 밖에 못했나요?" "고객의 반응을 미리 예측할 수 없었나요? 제대로 안 한 것 아닌가요?" "왜 더 열심히 하지 않았나요?" 이런 회의가 실제로 있다면(부디 없기를 바란다) 팀원들의 사기가 떨어지는 것은 물론, 이 프로젝트의 결과에서 아무것도 배울 수 없다. 다음 프로젝트도 시도하려 하지 않을 것이다.

　상대에게 이런 말을 들으면 분명 발끈할 텐데, 우리는 스스로에게는 박하게 군다. '왜 이렇게 게을렀을까' '좀 더 할 수 있었을 텐데' '이 정도 한 것 갖고는 했다고 말할 수 없지'와 같은 냉정한 잣대를 들이미는 것이다. 그러다 보니, 이 시간이 반성문을 쓰는 시간처럼 여겨진다.

계획과 실행에 대해 점검하고 교훈을 찾는 단계가 '회고'다. 평가하고, 자책하는 시간이 아니다. 더 나아질 방법을 찾는 시간이다. 잘했든 못했든 이미 지나간 과거는 되돌이킬 수 없다. 거기에 동그라미, 엑스 또는 점수로 평가하고 반성한들 나에게 도움이 될 것이 하나도 없다.

⊘ 회고는 언제 필요한가

회고는 잦을수록 좋다. 하루나 한 주를 마감하는 것부터 한 달, 1년, 프로젝트 마감 시에도 회고 단계를 적용할 수 있다. 단, 회고를 드문드문 할수록 기억하는 것이 줄어들고, 이에 따라 회고의 질 또한 달라질 수 있다는 것을 명심해야 한다. 회고는 기억을 바탕으로 한다. 물론 기록의 도움을 받을 수 있지만 그 또한 생생함은 떨어질 수 있으므로 회고는 기억이 잘 날 때 하는 것이 좋다.

내가 추천하는 것은 일상 회고다. 하루에 한 번 이상 회고를 하는 것으로, 굵직한 업무 단위나 시간대별로 회고할 수 있다. 짧은 시간 동안의 행동에 대한 회고 이기 때문에 간단한 메모라 할 수 있을 정도로 부담이 없다.

예를 들어, 오전 업무 후 점심을 먹기 전 아래와 같이 간단한 회고를 할 수 있다.

> • 오전에 기획서 초안을 다 끝낼 줄 알았는데, 80% 완성했다.
> • 추가 자료를 덧붙여 설득력을 높이는 것과 그래프 삽입 등이 남았다.
> • 집중은 잘 된 편!
> • 다음에는 총 5시간은 확보해야겠다.

오전 업무를 끝내고 그냥 바로 점심 식사를 하러 가는 사람과 잠깐 시간을 내어 업무에 대한 회고를 남기는 사람. 당신은 어느 쪽인가? 그리고 오늘부터는 어느 쪽에 속하겠는가? 서너 줄의 메모 같은 회고를 남기는 것은 1분도 채 들지 않는다. 그러나 이들의 성장 속도는 서로 다를 수밖에 없다. 왜냐하면 회고 없이 바로 점심을 먹으러 가는 사람은 오전 업무로 부터 배운 것이 없고, 회고를 하고 식사를 하러 가는 사람은 업무노하우를 1만큼 쌓게 된다. 일주일이면 전자는 여전히 노하우가 쌓인 것이 없고, 후자는 5만큼 쌓였다. 한 달이라면 전자는 0이고, 후자는 20이다. 후자는 작은 노하우들을 벌써 20개나 가지고 있어서, 20가지의 업무 노하우를 적용해서 성장할 수 있다.

또한, 잦은 회고의 좋은 점은 오전의 업무로 부터 뽑아낸 수정/유지 사항을 오후에 바로 적용할 수 있다는 점이다. 오전에 일을 잘 되게 만든 요인은 오후에도 적용하고, 오전에 일이 잘 안 되게 만든 요인은 오후에 제거하는 것이다. 나선형의 사이클을 일주일에 한 번 크게 도는 것이 아니라, 하루에도 두세 번 작게 돌아 여러 개의 원으로 나아가야 한다.

마치 대기업과 스타트업 같은 느낌이다. 대기업은 새로운 것이 하나 반영되려면 보고에 보고를 거쳐야 하기 때문에 느리게 적용되는데, 이제 갓 시작한 스타트업은 의사소통 프로세스가 적어서 즉시 수정되는 것과 비슷하다. 비교해 보자면 스타트업보다 의사소통 프로세스가 단순한 것은 나 개인이다. 내가 생각하고 결정하면 될 일이다. 이것을 나중까지 끌고 갈 필요가 없다. 개인이라는 가벼운 몸집이 가진 장점을 적극 활용하자.

⊘ WHY & HOW

반성문에 반드시 나오는 문장은 '다음에는 잘 하겠습니다'인데, 보통은 '어떻게'가 빠져있다. 회고는 '어떻게'를 찾는 시간이 되어야 한다. 계획-실천 직선 왕복이 아닌 나선형의 성장을 위해서는 이 단계가 반드시 필요하다.

더 나아질 방법을 찾는 두 단어가 있다. '왜' 그리고 '어떻게'다. 이 두 단어를 번갈아 가면서 스스로에게 질문한다면, 누구든 더 나아질 방법을 반드시 찾아 적용하게 된다.

예를 들어 밤 12시 전에 잠자리에 들겠다는 일상적인 다짐을 생각해 보자. 간단한 듯하지만 계속 지켜지지 않는다. '오늘은 꼭 일찍 자야지'라고 의지만 다지면, 회고를 전혀 하지 않은 것이다. 좋은 회고는 '오늘 일찍 잠들 방법'을 찾아보는 것이다.

왜: 밤 12시를 넘겨서 자게 되는 거지?

답: 밤에 헬스장을 다녀오면 10시가 되는데, 전신이 깨어나서 잠이 안 오는 것 같아.

어떻게? 그렇다면 운동을 더 일찍 끝내야 할까? 운동할 시간이 저녁 밤에는 없는데….

왜: 밤 늦게 잠이 드는 다른 이유는 없을까?

답: 밤에 불을 밝게 하고, 핸드폰도 늦게까지 봐서 그런 것 같아. 핸드폰 보고 있으면 12시가 넘은 줄도 모르게 훌쩍 지나 있어.

어떻게: 그럼 오늘 밤은 헬스장 다녀와서 형광등 대신 스탠드를 켜자. 그리고 밤 11시 30분에 핸드폰 알람을 맞춰두자. 알람이 울리면 핸드폰 충전을 하고, 보지 않도록 하자.

'왜'와 '어떻게'를 두 사이클만 주고받은 생각의 흐름이다. 이렇게 간단히 두 번만 하더라도, 아무런 전략 없이 의지만 다지는 것에서 그치지 않고 조금 다른 방법을 시도할 수 있었다. 이 방법이 효과가 있을지 없을지는 모른다. 하루나 이틀 효과가 있다가 사그라들 수도 있다. 하지만 계획-실천-회고를 계속하는 한, 이전의 자리에 그대로 있는 사람은 없다. 더 좋은 방향을 찾아 나가간다.

또 다른 예시를 들어보겠다. 새로 시작한 브랜드 챌린지 참여율이 저조하다. 마지막 효과평가 할 때까지 그냥 두면, 참여율이 상승할 일은 없을 것 같다. 중간에 어떤 수라도 써야 할 것 같을 때도 캠페인 계획, 실천에 대한 회고를 해볼 수 있다. 완벽한 정답을 바로 만들어주지는 않지만, 계속해서 개선하고 행동하게 만드는 방식이다. 방법을 찾아가는 동안 안 되는 방법도 알게 된다. 마치 에디슨이 필라멘트를 찾는 여정 같달까? 회고를 통해 우리는 성공확률을 높이는 실험을 누적해 나간다.

왜: 브랜드 챌린지 참여율이 왜 저조하지?

답: 챌린지 참여 방식이 복잡한 것은 아닐까? 아니면 챌린지 자체가 재미가 없거나, 상품이 약한 것은 아닐까? 참여자가 챌린지가 있다는 것을 알고 있기나 한 걸까? 홍보가 충분했을까?

어떻게: 그렇다면 지금 당장 취할 수 있는 조치들을 적어보자.

1) 참여 가이드를 카드뉴스나 짧은 영상으로 만들어 '참여 장벽'을 낮춰보자.
2) 중간 보상이나 베스트 참여자 선정 공지를 추가해서 동기를 강화해 보자.
3) 기존 참여자들의 후기, 인증샷을 공유해서, '재미있고 가치있다'는 분위기를 전해보자.

이중에 제일 간단하면서도, 효과적일 것 같은 것은 3번이니까 3번 먼저 해보자!

오늘, 당신을 더 나아지게 할 방법을 무엇인가? 오늘의 작은 회고로 나선형 성장을 이루어 나가자.

저녁 시간을 알차게 쓰는
세 가지 방법

"퇴근하면 저녁에 자격증 공부하고 싶어요." "아이들이 자면 책을 읽고 싶어요." "저녁에 꼭 운동 해야겠어요." 대개 낮 시간은 학교나 직장생활 등 의무의 영역으로 채워져 있으니, 밤 시간은 하고 싶었던 것을 하면서 보내고 싶어하는 사람이 많다.

직장인을 기준으로 퇴근 후 활용할 수 있는 시간은 얼마나 될까? 야근을 하는 경우를 제외하면 저녁 먹고, 씻고, 쉴 때가 되면 밤 9시 정도가 될 것이다. 9시부터 11시까지 약 두 시간을 활용할 수 있는 셈이다.

이 2시간의 크기를 가늠해보자. 평일 5일 동안 저녁 두 시간을 이용할 수 있다면, 일주일이면 10시간, 한 달은 40시간, 1년은 520시간이 된다. 520시간은 21일이 넘는 시간이다. 21일은 한 달의 평일 근무일과도 비슷하다. 매일 저녁 두 시간을 할애하면 1년 열두 달에 한 달이 더 해지는 것이다. 12+1! 1년을 열세 달로 사는 셈이 되지 않는가?

실제로 저녁 두 시간을 매일 한 가지에 쏟으면 할 수 있는 것이 많다. SNS 채널을 키워 부수입을 낼 수도 있고, 책을 써서 출판을 할 수도 있다. 매일 두 시간 근력 운동을 꾸준히 한다면 가수이자 헬스인인 김종국과 체력을 견줄 수 있는 정도가 될 것이다. 평일 저녁 두 시간 편의점 아르바이트를 한다고 해도 최저시급 10,030원 기준, 한 달이면 401,200원을 벌 수 있다. 매달 40만원을 더 저축할 수 있으면, 1년이면 480만원을 더 모을 수 있는 돈이다. 이 정도 금액이 여유 자금으로 있다면 새로 나온 핸드폰, 노트북을 부담없이 바꿀 수 있는 돈이며, 해외 여행도 갈 수 있는 금액이다. 평일 저녁 두 시간을 누워서 핸드폰을 보거나 친구와 카톡을 하고, 온라인 게임을 하며 보낼 수도 있다. 반대로 생산적인 방향으로 매일 저녁 두 시간을 쌓아 나간다면, 주말은 온전히 즐기면서도 자신만의 결과물을 만들어낼 수 있다.

실제로 나는 하루 두 시간을 이용해 회사를 다니면서 유튜브 채널을 키웠고, 남편은 산티아고 순례길 100km를 걸으며 느낀 점을 엮어 출판을 해서 작가가 되었다. 한 크루는 저녁 두 시간을 이용해 자신이 바라던 곳으로 이직에 성공했고, 또 다른 크루는 자신의 취미 영역인 보자기 포장에 대한 전문가 과정을 이수하고 자격증을 취득했다. 한 분은 퇴근 후 작사를 배우고, 글을 써서 아이돌 음반의 작사가가 되었다. 이렇듯 저녁 두 시간을 한 방향으로 쏟는다면 누구든 눈에 보이는 결과를 얻을 수 있다.

그런데 이 저녁 시간을 잘 활용하는 게 말처럼 쉽지 않다는 게 문제다. 가장 큰 이유는 피곤하다는 것인데, 그렇다고 모든 것을 놓고 쉬기만 하는 게 정답도 아니다. 무작정 쉬면 체력은 회복될지 몰라도, 정신적 즐거움은 채워지지 않으니 말이다. 어떻게 하면 저녁 시간을 잘 활용할 수 있을까? 세 가지 노하우를 전한다.

⊘ 첫째, 에너지를 고려한 계획을 세우기

스트리트파이터 게임을 하면 화면 상단에 에너지 막대가 표시된다. 한 대 맞으면 에너지가 깎이고, 아이템을 쓰면 에너지가 다시 충전된다. 결국 누가 상대의 에너지를 먼저 소진시키는가 하는 게임이다. 에너지를 다 쓰면 K.O! 죽는 것이다.

저녁 시간의 계획과 몸이 따로 노는 가장 큰 이유는 피곤함이다. 스트리트파이터의 에너지바에 대입해 본다면, 저녁 시간대의 에너지는 몇 퍼센트 정도 남았다고 색칠해 볼 수 있을까? 지옥철을 타고 퇴근한 직장인의 에너지바는 K.O. 직전 아닐까? 자지 않겠다는 아이와 실랑이 후 겨우 아기를 재운 엄마의 에너지바는? 친구와 놀다 들어온 저녁의 에너지바는? 아마 저녁 시간 절반 이상 남은 에너지바를 그리는 사람은 드물 것이다.

반면 저녁 시간에 우리가 계획한 일은 어느 정도의 에너지가 필요한 일인가? 자격증 공부든 독서나 운동이든 영상 편집이든 부업이든 내가 계획한 일을 하는 데 필요한 에너지를 나도 갖고 있어야 한다는 게 핵심이다. 물론, 불균형이 있더라도 며칠은 의지를 짜내서 할 수 있을지도 모른다. 그러나 이 상태로 꾸준히 저녁 시간을 잘 활용하는 것은 어렵다. 에너지에 맞는 계획을 세워야 한다.

방법 1. 에너지를 보충하는 시간을 가진다

퇴근 후 당신의 에너지는 몇 퍼센트인가? 핸드폰의 배터리를 점검하는 것처럼 나의 신체적 에너지, 정신적 에너지를 점검해 보자. 나의 경우에는 퇴근 후 바로 샤워를 하고 편안한 옷으로 갈아입는다. 이렇게만 해도 하루의 피로가 씻겨 나가고, 다시 하루가 시작되는 것 같다. 그 이외에는 저녁을 먹고 핸드폰을 보지 않고 쉬거나, 10~15분 눈을 붙이는 방법으로 에너지를 보충할 수 있다.

그리고 퇴근 후 운동은 신기하게도 에너지를 고갈시키는 것이 아니라, 채우는 효과를 준다. 또한 운동을 꾸준히 하는 것은 장기적으로는 체력을 향상시킨다. 핸드폰도 오래 쓰면 배터리가 낡아서 아무리 충전을 해도 에너지 소모가 빠르다. 꾸준한 운동은 배터리를 충전하는 것에서 더 나아가, 점점 고용량 배터리가 될 수 있도록 만들어준다. 시간이 많아도 에너지가 있어야 그 시간을 쓸 수 있다.

그러니 고갈되기 전에 에너지를 인지하고, 보충하는 습관은 저녁 시간을 꾸준히 잘 활용할 수 있는 핵심이다. 여러 방법을 시도하며 에너지를 고속충전하는 당신만의 방법을 찾길 바란다.

방법 2. 에너지에 맞게 계획을 수정한다

충전을 했다고 해도, 100%가 되기는 어렵다. 그러니 내가 가진 에너지에 맞는 계획을 세우면 된다.

앞 챕터에서 다룬 계획 최소한의 법칙을 대입하면, 매일 저녁 두 시간은 최대치의 계획일까, 최소한의 계획일까? 저녁 두 시간은 거의 최대치에 가깝다. 그러니 처음부터 두 시간을 계획할 필요는 없다. 계획 최소한의 법칙을 적용해 보자. 매일 저녁 30분, 아니 10분이라도 좋다. 오히려 작게 정할 수록 목표를 오래 이어가는 데에 도움이 된다. 최대치로 며칠만 하는 것보다, 최소한으로 오래 하는 것이 변화를 일으키는 진리이기 때문이다.

⊘ 둘째, 1장소 1목적

하기 힘든 일일수록 의지가 아닌 구조를 만드는 것이 중요하다. 그런 의미에서 '1장소 1목적'은 저녁 시간 활용에 중요한 요소다. 집에 가면 쉬고 싶고, 침대만 보면 눕고 싶은 것은 누구나 그렇다. 이것은 정신력의 문제가 아니다. 심리학에 '맥락 의존 기억'이라는 개념이 있다. 우리의 뇌는 장소를 단순한 배경으로 기억하지 않고, 공간 자체를 하나의 신호로 만들어 버린다는 의미인데, 이 이론에 따르면 침대는 이미 '쉬는 곳'으로 기억되어 있기 때문에, 침대를 보았을 때 뇌가 자동으로 '휴식 모드'를 선택하려 한다는 것이다. 그러니 우리가 침대만 보면 눕고 싶은 것은 당연한 것이다.

요즘엔 1인 가구가 상당히 많고, 이들 대부분은 원룸에 산다. 방 하나에서 먹고, 자고, 쉬고, 책을 읽고, 스트레칭을 한다. 나도 대학 시절부터 결혼 전까지 작은 기숙사 방에서부터 원룸형 오피스텔까지, 온전히 분리되지 않은 공간 안에서 지낸 경험이 있다.

뇌 과학자들이 공통적으로 주장하는 바로는 한 공간 안에 다양한 목적이 섞이기 시작하면, 뇌는 혼란을 느낀다고 한다. 집에 단하나 있는 책상 의자에 앉아서 쉬기도 하고, 일도 하고, 드라마도보고, 밥도 먹었던 자리에 앉았을 때, 뇌는 '어떤 모드로 전환해야할지' 결정하지 못하는 것이다. 이때 뇌는 더 익숙한 행동을 선택하거나, 가장 에너지가 덜 드는 행동을 하거나, 그것도 힘들 경우 아무것도 선택하지 않으며 무기력으로 빠져들게 된다. 나 또한 원룸 공간 안에서 꾸준한 습관을 만들기를 여러 번 실패했다.

우리는 이것을 적극적으로 역이용해야 한다. 집에서 모든 것을 해결하려 하지 말자. 돈 관리를 할 때 쓰임이 다른 돈을 각 다른 통장으로 분리하는 것처럼 시간을 관리할 때에도 목적에 따라 공간을 분리할 필요가 있다. 저녁에 짧은 휴식으로 에너지를 채운 후 집 앞 카페로 가거나, 애초에 나의 퇴근 시간은 저녁 9시라 생각하고 퇴근 후 바로 도서관이나 카페로 가서 저녁의 일을 하는 것이다. 그리고는 홀가분하게 집에서는 휴식만 취한다.

특히 이 방법은 재택근무를 하는 사람에게도 큰 효용이 있다. 재택근무야말로 한 공간에 일과 생활이 어수선하게 엮여 있기 때문이다. 나는 요즘 아기를 어린이집에 보내고 바로 카페로 출근한다. 집에 있으면 청소, 이유식 만들기 등 할 것이 계속 떠오르기 때문이다. 시간을 정하고 카페에서 업무를 보고 집으로 돌아오는 것을 선택해서, 일과 생활의 공간을 분리시킨다.

재택근무를 하는 분들 중에 수입이 일정하지 않아 카페 가는 돈을 아끼거나 작은 사무실에 들어가는 고정비용을 만들기를 두려워하는 분들이 있다. 그러면서도 집에서는 집안일을 하느라고 일은 2순위가 된다며 몰입의 방법을 구한다.

내 경험상, 업무 공간을 분리하는 비용을 투자해 집중도를 높여, 더 큰 수익, 더 지속적인 성장을 만들어 내는 편이 좋다고 생각한다. 실제로 나는 출산 전까지 사무실 비용 약 40만 원, 주차비 10만 원을 고정비로 냈었다. 추리닝을 입고 있다가도 정장을 입으면 걷는 태도부터 달라지지 않는가? 마찬가지로 목적이 정해진 공간에서는 그곳에서의 시간도 다르게 보낼 수 있다.

차선책으로는 집 안의 공간을 분리해서 사용할 수도 있다. 원룸에 산다면 책상 위에서는 밥을 먹거나, 핸드폰 영상은 보지 않는 것이다. 바닥에 펼치는 작은 상을 하나 마련해서 식사 공간을 분리할 수 있다. 또한 영상 콘텐츠는 침대에 누워서만 보고, 책상에 앉아서 시간을 낭비하지 않는 것으로 규칙을 정할 수 있다. 책상은 생산적인 일만 하는 공간으로 남겨두는 것이다. 스스로 '뇌가 공간을 인식하는 방식'을 설계하는 것이다. 그 외에도 거실 귀퉁이에 요가 매트를 깔고, 향초를 놓아두는 방식으로 나만의 요가 공간을 만들어 둘 수도 있다. 또 조명을 하나 마련해서 식탁에 두고는 저녁에 일기를 쓰고, 독서를 할 때만 조명을 켜는 것이다. 그러면 같은 공간을 다른 목적으로 분리하는 기분을 낼 수 있다.

퇴근한 뒤 당신이 하고 싶은 한 가지를 정하고, 어디에서 할지도 계획하자. 그 장소는 온전히 그 일 만을 위한 장소로 정하자.

⊘ 셋째, 목표는 자신에 맞게 정하기

"저도 저녁 시간을 활용해서 뭔가를 만들어 내고 싶은데, 뭘 선택해야 할지 모르겠어요. 정해지기만 하면 열심히 해볼 텐데요." 그렇다. 누구나 목표가 명확한 건 아니다. 한 사람의 인생에 있어서도 목표가 명확한 시기가 있고 그렇지 않은 시기도 있으니 말이다.

목표를 정하기 어려운 사람은 그때 그때 바꿔도 좋다. 내가 뭘 좋아하는지 탐색하는 시간으로 활용하는 것이다. 그렇다고 해서 낚시를 하는 것처럼 반드시 뭔가 하나를 건져 올려야겠다는 마음도 가질 필요가 없다. 오히려 온전히 그 시간을 즐기지 못할 수 있으니까 말이다. 그냥 그때 그때 마음이 가는 대로 몸을 맡겨보자. 책을 읽고 싶으면 책을 읽고, 글을 쓰고 싶으면 글을 쓰고, 그림을 그리고 싶으면 그림을 그리고, 달리고 싶으면 달리자.

한 크루가 육아를 하느라 3년 동안 퇴근 후 자신의 시간을 전혀 가질 수 없었다고 한다. 그러다 주 1회 저녁 두 시간의 자유 시간을 내게 되었는데, 혼자 카페에 앉아 있으면서 계속 아기 생각만 나고 별로 할 게 없어서 집에 갈까 했다며 처음에는 무엇을 해야 할지 난감했다고 했다. 그런데 이 시간을 정기적으로 가지다 보니, 조금씩 하고 싶은 것이 생겨나 하고 싶은 게 많던 대학생으로 다시 돌아간 것 같다고 했다.

뭘 할지 모르겠다면, 그냥 정기적으로 시간을 정해 이것 저것을 해보자. 핸드폰을 보거나, OTT 영상만 보면서 시간을 보내는 것만 제외하고 말이다. 자신을 심심하게 하면서, 그때 끌리는 것들을 해 보자. '이것 하나는 해 보고 싶다'라며 단단하게 마음에 자리 잡는 순간이 올지도 모른다.

그 다음 단계로는 일주일의 계획을 잡아보는 것이다. 우선 일주일 동안은 매일 같은 시간에 할 일을 한 가지 정하는 것이다. 하기 싫거나 어렵거나 지겨워져도 일주일은 해 본다. 하나의 목표를 일주일 간 끌고 가는 힘을 키울 수 있다. 그 과정이 항상 즐겁지만은 않다. 그러나 성과를 낸 모든 사람은 한 명도 빠짐없이 즐겁지 않은 구간을 잘 흘려보냈다. 꾸준히 하기도 하고, 조금 변주를 주기도하고, 템포를 낮추기도 하면서 각자의 방식으로 멈추지 않았다. 그러니 일주일 정도는 하나의 목표를 끌고 가보는 힘을 키워보는 것이다. 목표를 바꾸고 싶으면 일주일 뒤에 바꾼다. 일주일을 연속으로 하고서도 계속 하고 싶으면 한 주 더 연장하고, 또 한 달 동안 이어가 보면서 조금씩 하나에 깊어질 수 있다.

일정 기간 동안 하나의 활동을 이어갔다면, 그 다음으로 만나는 단계다. '이게 나한테 맞나?' '이걸 하는 게 의미가 있나?' '다른 걸 할까?'와 같은 생각들 때문에 집중하기 어렵기도 하다. 반드시 이런 순간을 맞이하게 된다.

이런 경우 '이것을 왜 하려 하는지'에 대해 스스로 납득할 수 있는 이유가 필요하다. 이 자격증을 왜 따려 하고 이 시간에 왜 그림을 그리려 하는지, 왜 글을 쓰려 하는지, 왜 책을 읽으려 하는지가 분명할수록 덜 흔들린다. 꼭 어떤 결과물이 아니어도 좋다. 즐거움 그 자체로도 충분하다. 자신의 마음에 쏙 맞는 단어와 문장을 찾아보자.

그리고 '이게 나한테 맞나?' 이런 생각이 들 때, '올 것이 왔군!'이라고 흘려보낸다. 그 고민에 집중하는 게 아니라, 꾸준히 하는 사람에게 찾아오는 그냥 단계 같은 것으로 받아들이는 것이다. 게임으로 치면 레벨 5 정도 되었을 때, 고민을 잘 피해가야 이기는 시나리오가 있다고 여기면 마음이 편하다.

'이게 나한테 맞나? 이게 무슨 의미인가?'라는 생각이 간혹 들 때도 있지만, 그런 고민을 하느라고 출근을 안 하는 직장인은 없다. 그리고 일단 출근을 하면 일을 하게 된다. 그리고 그 하루하루가 쌓여서 성장한다. 신입이었을 때의 자신과 비교하면, 지금은 완전히 달라졌으니 말이다.

저녁에 내가 정한 목표는 오히려 멈출 자유가 있다는 것이 독이 되기도 한다. 그러니 이미 정한 목표라면 고민에 집중하지 말고, '올 것이 왔군'이라고 생각하자. 성과를 낸 모든 사람은 게임에서 이 레벨을 클리어한 사람이다.

CHAPTER 4

일 잘하는 사람의
계획력

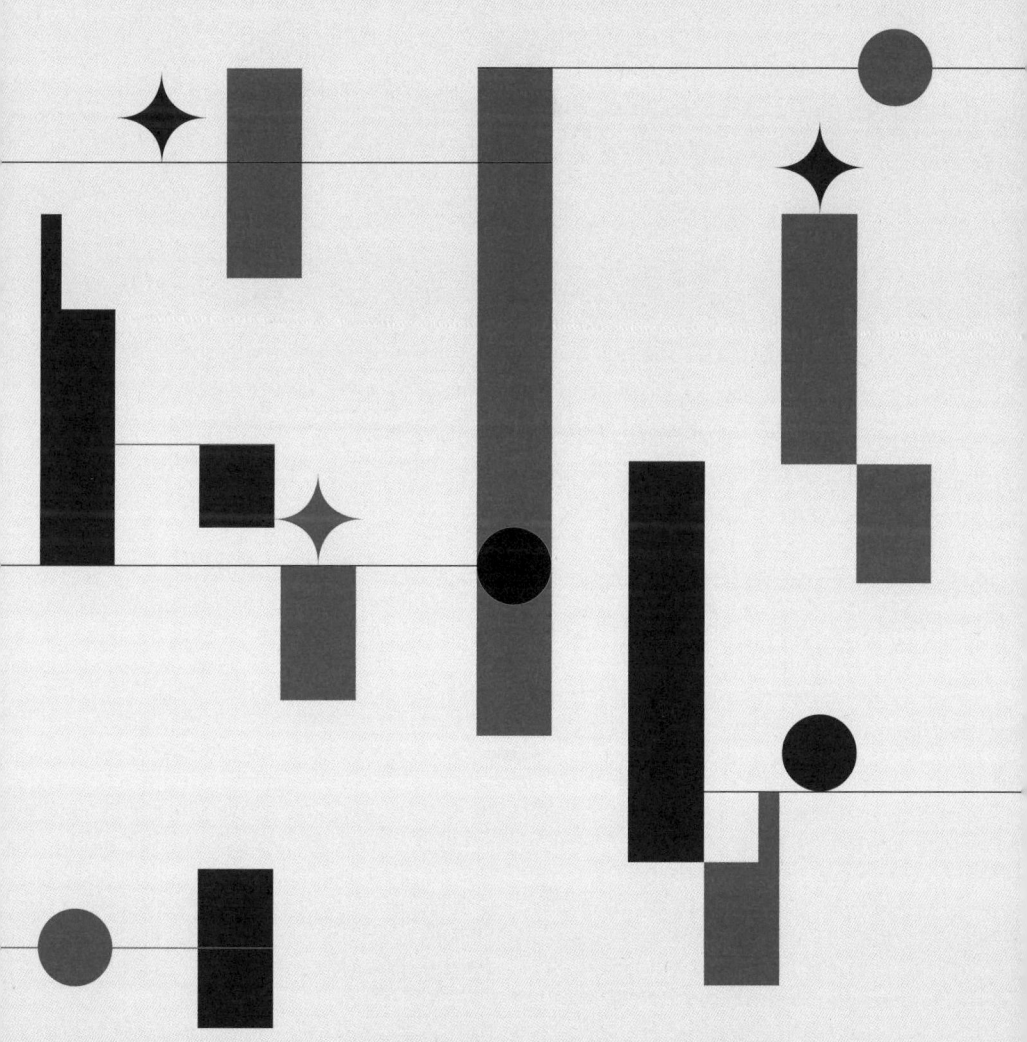

일에 대한
세 가지 질문

　나는 사람들이 하고 싶은 것을 할 수 있도록 돕는 일을 하고 있다. 그 방법으로 목표 달성을 돕는 시간관리와 자신을 돌보는 법에 대한 강의를 하면서 콘텐츠를 만들고, 플래너도 제작해 판매하면서 꾸준히 쓰도록 하는 커뮤니티를 운영한다. 그런데 혼자서 일하고 있다 보니 마음만큼 충분히 하지 못하고 있는 일들이 있다.

　우선, 영상 콘텐츠를 사람들이 좋아하는 방향으로 꾸준히 만들어내고 싶다. 그리고 실천을 돕는 아이템에 대한 아이디어를 실제 존재하는 물건으로 만들고 싶다. 팀원을 꾸릴 여력을 키워서 이 두 가지 일을 함께 할 수 있는 PD와 문구류 디자이너를 채용하는 것이 나의 바람이다. 이들과 함께 한다면 사람들이 하고 싶은 것을 할 수 있도록 더 가열차게 도울 수 있을 거라 기대한다.

채용하고 싶은 직군에 대한 이야기를 한 이유는, 모든 일자리가 만들어진 이유가 있다는 것을 전하고 싶어서다. 당신은 어떤 회사에서 어떤 일을 맡고 있는가? 직위는 무엇인가? 업무를 잘 하는 기술에 대해 이야기하기 전에 내 자리는 왜 생겼고, 내 업무는 왜 생겼는가, 내가 하는 일은 누구에게 도움이 되는 일인가, 어떤 도움이 되는가에 대해 생각해 보았으면 한다.

키즈카페에서 일하는 아르바이트생이 자신의 SNS에 아이들 사진과 함께 '110명 예약 가보자고~ㅋㅋ 오다가 교통사고 나라' '개xx 저출산 맞냐고 xx 저주할 거야'와 같이 상상하기 어려운 글을 공개적인 장소에 올려 논란이 된 사건이 있었다. 이 아르바이트생은 왜 이리도 마음에 화가 많고, 그 화를 SNS에서 표출해 모두의 손가락질을 받는 어리석은 일을 한 걸까?

모든 일자리는 필요에 의해 생겨난다. 우선 키즈카페라는 것은 왜 생겨났을지 생각해 보자. 아이들이 즐겁게 놀 수 있는 공간이 필요해서, 집에서는 경험할 수 없는 큰 놀이 공간이 필요해서, 날씨나 계절에 상관없이 놀 수 있는 공간이 필요해서, 아이들을 돌보는 부모도 함께 쉴 수 있는 공간이 필요해서 등 몇 가지의 필요를 추측해 볼 수 있다. 이런 필요와 서비스가 맞아 떨어졌기에 동네마다 키즈카페가 생겨나고 있는 것일 테다.

그런데 키즈카페에서는 부모가 미처 발견하지 못했을 때 생기는 아이들의 안전사고, 다툼 같은 것들이 일어날 수 있다. 사장은 자신의 사업장에 불미스러운 일이 일어나기를 바라지 않았을 테고, 이를 예방하기 위해 안전 요원을 두어야 겠다고 생각하지 않았을까? 그래서 키즈카페에 안전요원 아르바이트라는 자리가 생긴 것이다. 따라서 이 직원의 일은 아이들을 주시하고, 안전하게 놀 수 있도록 살피면서 그 시간을 잘 즐길 수 있도록 도움을 주는 것을 목적으로 생긴 자리인 것이다. 그 자리에서 일하게 된 아르바이트생은 이것을 이해하고 '나는 오늘 여기에 온 아이들의 안전을 책임지겠다'라는 마음으로 일하는 것이 이상적인 시나리오다.

아이들이 안전하게 놀 수 있도록 주시하는 아르바이트생과 아이들에게 저주를 퍼붓는 아르바이트생의 차이는 하나다. 내가 하는 일이 왜 생겨났는지, 내가 하는 일이 누구에게 도움이 되는 일인지를 이해하고 있느냐의 여부다.

키즈카페 아르바이트생에 대한 이야기는 극단적이었지만, 사실 주변에서 일에 '초치는' 사람들을 어렵지 않게 볼 수 있다. 조금만 다르게 해보자고 하면 반대하고, 새로운 의견을 제시하면 안 되는 이유만 수두룩하게 제시한다. 협조를 부탁하면 자신의 알량한 업무 재량으로 갑질을 하려 들기도 한다. 일이 되게 만드는 사람과 일에 초치는 사람. 당신은 어디쯤에 위치하는가?

일의 근원을 생각하는 아래의 세 가지 질문은 강력하다. 이 질

문에 답할 수 있다면, 당신의 행동이 달라지고, 일의 성과도 분명히
달라질 것이다.

- 하나, 내 일은 어떤 이유로 만들어졌는가?
- 둘, 내가 하는 일은 어떤 빈틈이나 문제를 해결하는가?
- 셋, 이 일을 통해 사람들에게 어떤 가치가 전달되는가?

파티용품을 제작하는 사장님의 경우를 생각해 보자. 사람들은
누군가를 축하하기 위해 자리를 마련한다. 그 공간을 조금 더 예쁘
게 꾸미고, 함께 보내는 시간을 더 특별하게 만들고 싶어 한다. 하
지만 현실은 바쁘거나, 손재주가 없거나, 아이디어가 떠오르지 않
는다. 그 빈틈을 내가 메워줄 수 있다면? 내가 할 일은 명확하다.
더 간편하고, 더 예쁜 파티용품을 만드는 것이다. 제품은 설치하기
쉽게, 주문은 간단하게, 배송은 빠르게!

주문 내역을 살펴보니 축하하는 이유도 다양하다. 생일, 승진,
입학, 졸업 등등. 그렇다면 각 상황에 맞는 파티용품을 세트로 구
성하자. 하나만 주문해도 필요한 모든 것이 들어 있도록, 고민 없이
준비할 수 있도록 만든다. 나의 노력 덕분에, 사람들은 그 소중한
공간과 시간을 더 특별하게 기억할 수 있다!

이처럼 '내가 하는 일이 어떤 문제를 해결해주는가'를 중심에

놓고 궁리하다 보면 직업과 분야를 막론하고 새로운 아이디어와 실행력이 생긴다.

이번엔 야외 책 읽기 행사를 준비하는 공무원이 되었다고 가정해 보자. 시민들이 좋은 책을 더 많이 접할 수 있도록 돕고, 책을 잘 보존하고 관리하는 일이 주어진 업무다. 이번 야외 행사를 통해, 평소 책을 멀리했던 사람들도 책과 자연스럽게 만날 수 있고, 책을 좋아하는 사람들은 야외라는 색다른 공간에서 새로운 독서 경험을 할 수 있다.

그렇다면, 이를 위해 나는 무엇을 준비할 수 있을까? 야외에서 읽기 좋은, 글이 적고 길이가 짧은 책들을 중심으로 큐레이션 하자. 책과 풍경이 함께 담긴 사진을 공유하는 SNS 이벤트를 기획해 보자. 또한 야외 전시 특성상 책이 손상될 수 있으니, 비나 바람으로부터 책을 보호할 수 있는 특수 아크릴 책장을 제작하자. 세심하게 준비한 덕분에 누군가 오랜만에 책을 읽었다고 말해준다면, 그 순간만으로도 충분히 보람찰 것이다.

공공의 역할이든 개인 사업이든 결국 일의 본질은 '사람들에게 필요한 가치를 어떻게 잘 전달할 것인가'다. 이번엔 금융 현장에서 직접 사람을 마주하는 은행원의 사례를 보자.

내가 하는 일은 사람들이 금융 생활을 더 안전하고 원활하게 할 수 있도록 돕기 위해 만들어졌다. 금융 지식이 부족해도 불안

없이 돈을 맡기고, 찾고, 이체하고, 대출받을 수 있도록 돕는 대리인의 역할이 바로 나다.

그렇다면 어떤 능력을 더 키워야 할까? 요즘처럼 은행 지점이 점점 줄어드는 상황에서, 내가 메울 수 있는 빈틈은 무엇일까? 사람들이 어렵고 복잡하다고 느끼는 금융 절차와 개념을 쉽게 설명하고, 안심할 수 있도록 도와주는 것. 그리고 그 과정에서 감정적으로도 편안함을 느낄 수 있도록 따뜻하게 소통하는 것이 아닐까.

그렇다면 오늘은 이렇게 해보자. 손님의 상황을 먼저 묻고, 눈을 마주치며 친절하게 안내하자. 어려운 용어는 풀어서 쉽게 설명하자. 내가 노력한 덕분에 누군가는 인생 첫 적금을 들고, 누군가는 주눅들지 않고 대출을 받을 수 있도록 해야지!

일의 근원을 생각하면 일을 되게 하는 방법을 찾게 된다. 누군가가 더 편리해지고, 즐겁고, 만족스러워질 장면을 상상하면 '안 된다'는 생각보다 '되게 하자'는 쪽으로 마음이 기울기 때문이다.

그러나 회사처럼 여러 사람이 함께 일하는 공간에서는 부정적인 분위기에 쉽게 휩쓸린다. 도를 넘는 투덜거림은 업무에 써야 할 에너지를 빼앗는다. 예컨대 "누구는 아부를 잘해서 승진했어"라며 한참 뒷담화를 하다 "에휴, 입 바른 말 못 하는 우리는 소처럼 일이나 하자" 하고 자리에 앉는 상황을 떠올려 보자. 이 말을 하면서 책상에 앉으면 스스로를 낮추는 마음, 일에 대한 불만이 뒤섞인 채로 일을 대하게 된다. 해야 할 만큼만 에너지를 쓸 뿐, 일에 대해서는 더 마음을 다할 수가 없다.

문제는 이런 대화에서 벗어나는 일이 생각보다 어렵다는 점이다. 용기가 필요하다. 부정적인 이야기에 말을 덧붙이지 않는 소극적 반응부터, 이야기가 길어지면 "저는 급한 일이 있어서 먼저 사무실에 들어갈게요." 또는 더 나아가 "우리 이런 힘 빠지는 이야기는 이제 그만하면 어떨까요?"라고 대화를 정리하는 적극적 대응까지 모두 용기가 요구된다.

그 힘은 어디에서 나올까? 결국 다시, 일의 근원을 묻는 세 가지 질문에서 나온다.

- 이 일이 세상에 필요한 이유는 무엇인가?
- 내가 메워야 할 빈틈은 무엇인가?
- 이 일을 통해 누구에게 어떤 가치를 줄 수 있는가?

이 흐름을 마음에 새기면 마음이 단단해지고, 본질과 무관한 잡음은 자연스레 중요도가 떨어진다. 본질만 이야기해도 시간이 모자랄 만큼, 우리의 일은 충분히 의미가 있기 때문이다.

일의 본질을 생각하는 사람들의 대화는 다르다. 야외 책 읽기 행사를 준비하는 공무원들은 더 재미있는 행사 방식을 고민하고,

우려되는 점을 보완하는 방향을 찾는 것으로 시간을 보낸다. 파티 용품을 제작하는 사장님은 고객에게 어떤 점이 좋았는지, 무엇이 아쉬웠는지를 끊임없이 궁금해한다. 은행원은 친구를 만나도 금융권에 있지 않은 사람들의 금융 이해 수준이 어느 정도 일지 가늠하는 질문을 던져볼 것이다. 얼마나 더 쉽게 설명해야 할지, 사람들이 잘 모르는 부분은 어떤 것이 알고 싶을 것이기 때문이다.

일의 본질에 대해 생각하는 사람이 더 많아지는 세상이면 좋겠다. 이런 사람들이 만든 결과물은 더욱 편리하고 즐거우며, 만족스러울 것이다. 일의 본질을 생각하는 사람이 모이면, 결국 세상은 달라진다.

당신은 팀원의 시간을
아껴주는 리더인가?

"팀장님. 지시하신 업무 보고 드리겠습니다."

"정 대리. 내가 말한 건 이 방향이 아니었어. 내일이 전체 회의인데, 어떡하지? 다시 할 수 있겠나?"

"아…. 네, 해보겠습니다."

자리로 돌아오는 그 짧은 길에 정대리는 많은 생각이 든다.

'처음부터 제대로 알려주지도 않았으면서. 지금도 정확히 어떤 걸 원하시는지 모르겠어. 언제 다시 하지? 하….'

돌아서서 터덜터덜 걸어가는 정대리의 뒷모습을 보는 팀장은 불안하다.

'회의가 코앞인데 언제 새로 만들지? 정대리가 가져올 결과물을 믿을 수 있을까?'

이건 누구의 잘못일까? 명확한 지시를 내려주지 않은 팀장의 잘못일까? 아니면 방향성을 잘못 잡은 팀원의 잘못일까? 한 사람은 충분히 의도를 전했다고 생각하지만, 다른 사람은 전혀 다르게 이해하는 상황. 당신도 한 번쯤은 경험했을 것이다. 사실 내가 회사 생활에서 자주 경험했던 일이기도 하다.

불분명한 의사소통은 일을 여러 번 하게 만드는 비효율을 낳는다. 이런 상황이 몇 번 더 반복되면 상대가 원망스러워지면서 동시에 스스로의 자신감도 떨어진다. '못 알아듣는 내가 문제인가? 아니면 저 사람이 말을 이상하게 하나?' 반대로 '내가 설명을 못 하나? 아니면 상대의 이해력이 부족한가?'와 같은 생각이 꼬리에 꼬리를 문다. 결국 서로를 신뢰하지 못한 채 일 자체에 대한 의욕도 사라진다. 이렇듯 모호한 의사소통의 결과는 치명적이다.

⊘ 의사소통은 목표를 주고받는 것

일은 의사소통으로 시작해서 의사소통으로 끝난다. 결코 과장이 아니다. 1인 기업가나 프리랜서도 예외가 아니다. 혼자 일하는 나 역시 마찬가지다. 강의를 진행할 때면, 강의를 의뢰한 기관의 담당자와 기획 단계부터 일정 조율, 강의 진행 방식, 강의 후 피드백까지 다양한 이야기를 주고받는다. 새로운 플래너를 론칭할 때에도 마찬가지다. 사용자에게 의견을 구하고, 디자이너와 협업하고, 인쇄소와도 다양한 대화를 나눈다. 이 과정에서 의사소통이 정확하지 않으면, 큰 문제가 생길 수 있다. 강의 주최측에서 의뢰한 방향과 전혀 다른 방향으로 강의를 진행하거나, 플래너의 종이 재질이 바뀌거나, 수량 및 일정에 차질이 생길 수 있다. 명확하지 않은 의사소통은 실수로 이어진다. 돈과 시간, 인력 그리고 신뢰와 동기 같은 중요한 자원도 낭비된다. 그러니 업무 의사소통은 일상의 소통과는 달라야 한다.

업무 의사소통은 목표를 주고받는 과정이다. 목표는 문서에만 존재하는 것이 아니다. 오히려 일상의 업무 이메일, 메신저, 짧은 대화 속에도 목표가 담겨 있다.

메일 제목: [디자인 확정 회의] 사전 준비 사항

…

일시 및 장소: 내일 오후 3시, 제2 회의실
내용: 이전 회의에서 결정된 바와 같이, 각 담당자 별로 디자인 시안 세 개 프레젠테이션 준비해 주세요. 발표 시간은 각 10분씩입니다.
…

이 짧은 메일 안에는 어떤 목표가 담겨 있을까?

디자인 시안 세 개를 준비하는 것과 그것을 설명하기 위한 발표를 구성하는 것, 발표 시간은 10분 이내라는 시간 제한을 지키는 것. 이 세 가지 목표가 분명하게 포함되어 있다.

> **아침에 커피 한 잔 하면서 나누는 대화**
>
> "어제 회의 진행하느라 고생했어. 어제 회의에서 결정된 사항 있지? 간략히 적어서 전 부서 직원에게 공유해줘. 모두 알아야 할 사항이더라고."

탕비실에서 가볍게 나누는 대화에서도 목표가 오고 간다. 어제 회의 결정 사항을 정리해서 전체 공유를 하라는 지시, 이것 역시 명확한 목표 전달이다. 이렇듯 가벼운 대화에서부터, 메일, 회의 중 나누는 대화, 명확한 업무 지시 등 업무 적으로 나누는 모든 대화에서 목표를 주고받는다.

그렇다면 이제 좋은 목표란 무엇인지 생각해볼 필요가 있다. 우리가 무엇을 주고받고 있는지를 명확히 알아야, 제대로 된 의사소통이 가능하기 때문이다.

앞선 챕터에서는 개인 목표를 세울 때 육하원칙에 따라 구체화하는 연습을 했다. 업무 목표도 마찬가지다. 누가, 언제, 어디서, 무엇을, 왜, 어떻게 할 것인지를 포함한 목표를 명확히 주고받는 것이 핵심이다.

Before(육하원칙으로 목표를 주고받기 전)

프로젝트 리더: 최근 올라온 고객 불만사항은 무엇인가요? 개선 포인트에 대한 회의를 이번주 금요일 3시에 진행합시다.

팀원: 네. 그럼 고객 불만 데이터 확인해 보고, 회의 참석하겠습니다

프로젝트 리더: 아! 그리고 회의실 예약 부탁해요.

팀원: 네. 그럼 회의실 예약하고 참석자에게 공지하겠습니다.

After(육하원칙으로 목표를 주고받은 후)

프로젝트 리더

☑ (무엇을) 지난 3개월 동안의 고객 불만사항은 얼마나 많았고, 어떤 내용이 있나요?

☑ (어떻게) 원인 분석과 개선 포인트에 대한 회의를 진행합시다.

☑ (왜) 신제품 개발에 반영해 볼 포인트를 뽑고, 낭상 수성할 수 있는 것은 수정하려면 고객 의견을 먼저 보는 게 좋겠어요.

팀원: 네. 그럼 고객 불만 데이터 확인해 볼게요. 당장 수정할 수 있는 것과 신제품 개발에 반영할 점을 구분해야겠군요. 안 그래도 어제 사용법 QR 접속이 자꾸 오류가 난다는 댓글이 올라왔는데요. 이건 QR 수정해서, 함께 배송되는 유인물만 다시 얼른 뽑으면 해결될 텐데! 하고 생각하고 있었어요.

프로젝트 리더: 좋아요! 그럼 고객 의견을 카테고리 분류만 해서 빠르게 이야기 나눠 보는 게 좋겠어요.

(누가) 먼저 저랑, 김 대리, 이 대리 셋이서 먼저 이야기를 나눠 보죠.

(언제) 이번 주 금요일 3시에 진행합시다.

(어디에서) 회의실 예약 부탁해요.

팀원: 네. 이 대리님 시간도 가능하신지 확인 후, 회의실 예약하고 다시 말씀 드릴게요!

Before 와 After의 대화를 통해 어떤 차이를 발견했는가? 먼저, 리더가 육하원칙에 맞추어 목표를 주려고 하니, 업무 지시가 이전보다 상당히 구체화되었다. 그러니 자연스럽게 팀원의 대답도 달라졌다. 목표를 주고받는 대화의 질이 달라지면, 그에 따라 업무 결과도 달라질 수밖에 없다. 어떤 차이가 있기에 업무 결과가 달라지는 걸까? 이제 그 차이를 조금 더 구체적으로 살펴보자.

⊘ 목표를 전달하는 리더가 다른 점 세 가지

1. 자신이 원하는 바가 명확해진다

리더라고 해서 모든 업무의 방향을 처음부터 명확히 알고 지시하는 것은 아니다. 그렇다고 해서 정리되지 않은 상태에서 두루뭉술하게 말을 내뱉는다면, 팀의 불필요한 업무는 늘어나고, 팀원들도 점점 막막해진다.

하지만 육하원칙에 따라 지시 내용을 구성하려고 노력하면, 리더 스스로도 정리되는 효과를 얻게 된다. 무엇을 지시하고 있는지, 왜 이 업무가 우리 팀의 시간과 인력, 자원을 들여 수행해야 하는 일인지, 스스로 질문하게 된다. 자연스럽게 리더가 육하원칙에 따라 목표를 전달하려는 연습을 할수록 그 팀의 업무 효율과 업무력은 함께 성장한다.

2. 불필요한 자원의 낭비를 줄일 수 있다

답도 없는 회의를 위해 팀 전체를 불러 모은 경험이 있는가? 1시간 동안 10명이 모였다면, 10시간의 회사 자원이 소모된 셈이다. 리더는 이 사실에 대해 경각심을 가져야 한다. 이 사례에서는 리더는 육하원칙에 따라 생각을 정리하는 과정에서 "관련 부서를 모두 모으기 전에 먼저 나, 김 대리, 이 대리 셋이서만 30분 정도 논의하자"고 제안한다. 이렇게 핵심 인원과 사전 회의를 가지는 것으로 이후 전체 회의 시간을 절반 이상 단축할 수 있게 되었다.

육하원칙에 맞춘 정확한 업무 지시와 회의 목표 설정은 이렇게 자원의 낭비를 막을 수 있다. 그 시간을 다른 중요한 일에 쓸 수 있다면 얼마나 더 나은 성과를 낼 수 있을까? 생각해 볼 일이다.

3. 방향성이 잘못된 것이라면 빠르게 잡을 수 있다

"뭐야, 할 필요 없는 회의였잖아?"

이런 회의에 참여해본 적이 있는가? 회의가 끝난 뒤 허탈함과 시간 낭비에 대한 아쉬움이 밀려오는 순간 말이다.

이런 상황은 회의 전, 목표와 방향을 명확히 전달하지 않았기 때문에 생긴다. 업무의 방향, 업무량 그리고 이 일을 '왜'하는지까지 구체적으로 설명하지 않으면 팀원은 단순 지시만 따를 뿐, 진짜 맥락은 놓치게 된다.

반면, 위 사례처럼 리더가 '신제품 개발을 위한 참고와 즉시 개선 가능한 항목 구분'이라는 명확한 목적을 먼저 전달하면, 팀원은 그 목적에 맞게 준비할 수 있다. 만약 둘 사이의 방향성이 다르다면 초기 단계에서 바로잡아 시간과 비용을 낭비하지 않을 수 있다. 이처럼 구체적인 목표를 주고받으면, 상대는 '단순 수행자'가 아닌 '함께 판단하고 조정하는 파트너'로서 역할을 다하게 된다.

`

⊘ 목표를 전달받은 팀원이 다른 점 세 가지

1. 업무 목적, 범위, 방향성에 대한 이해도가 높아진다

육하원칙이 담긴 목표를 전달받으면, 팀원은 왜 이 일이 필요하

고 어디까지 해야 하는지, 어떤 결과를 내야 하는지를 한눈에 파악한다. 이해가 선명해질수록 역량을 올바른 방향으로 집중할 수 있다. "고객 불만 데이터 확인해 볼게요. 당장 수정할 수 있는 것과 신제품 개발에 반영할 점을 구분해야겠군요"라는 팀원의 말도 이러한 맥락이다. 목적이 분명하면 팀원 스스로 해결책을 제안하고 실행 속도를 높인다.

2. 의사소통 비용을 줄여준다

정보의 양이 의사소통의 질을 결정한다. 회의 일시·참석자·필요 자료까지 한 번에 공유되면, 같은 자리에서 즉시 의사 결정을 내릴 수 있다. 예컨대 "이번 주 금요일 3시에 셋이 먼저 논의하자"는 말 한마디가 불필요한 일정 조율 메일 수십 통을 없애준다. 작은 확인 사항이 줄어들수록 팀원은 본업에 몰입하고, 팀 전체의 집중력도 높아진다.

3. 문제 해결은 스몰토크에서 시작된다

목표가 선명하면, 짧은 일상 대화 속에서도 문제 해결의 실마리를 찾을 수 있다. 군이 공식적인 회의를 하지 않아도, 커피 한 잔 들고 나눈 말 한마디가 더 빠른 실행을 이끌어내는 경우도 많다. 예를 들어 'QR 코드 접속 오류'라는 문제도 고객 의견을 미리 들여다

보고 있었기 때문에 팀원 스스로 '이건 유인물만 다시 뽑으면 해결될 텐데요'라는 즉각적인 대안을 낼 수 있었다.

명확한 목표는 팀원 간 잡담을 '창의적인 브레인스토밍'으로 바꾸고, 문제 해결의 실마리를 일상 대화에서 끌어내게 한다. 스몰토크가 곧 행동으로 이어지는 조직문화가 형성되는 것이다.

목표를 전하는 사람이 육하원칙에 맞게 구체적인 정보를 함께 전달할 수 있다면 그것은 단순한 지시를 넘어 시간을 아끼고, 마음을 움직이며, 일의 방향을 바꾸는 힘이 된다. 목표를 주고받는 의사소통은 결국 어떻게 더 잘 일할 것인가, 어떻게 더 함께 나아갈 것인가에 대한 이야기다.

우리 모두는 회사에서, 팀에서, 프로젝트 안에서 혹은 가정에서 누군가에게 리더 역할을 하고 있다. 나는 내 시간뿐 아니라, 누군가의 시간도 아껴주는 사람이었을까? 육하원칙을 담아 목표를 건네는 리더가 되어 보자.

개떡같이 말해도
찰떡같이 알아듣기

업무를 하면서 모든 사람이 육하원칙에 맞게 명확하게 지시해 주기를 기대하기는 어렵다. 그래서 이 책을 읽는 당신에게 필요한 것은, 목표를 '주는 능력'과 더불어 잘 '받는 능력'이다. 상대가 조금 애매하게 말하더라도 당신은 육하원칙의 틀로 그 말을 받아들이고, 빈 부분은 자연스럽게 질문할 수 있다. 그 순간부터 당신은 수동적인 직원이 아니라, 일의 방향을 함께 잡아가는 주체가 된다.

Before 와 After 사례를 함께 살펴보자. 두 대화 모두 시작은 같다. 그러나 목표를 받는 사람이 육하원칙에 따라 되묻기를 시작하면, 일의 질, 속도, 결과가 어떻게 달라지는지 느껴보자.

Before

두루뭉술한 지시에 일단 '네' 하고 넘어가기

팀 리더: "이번 건 좀 정리해서 보고해줘요. 다음 주쯤까지는 가능하죠?"

팀원: "네, 알겠습니다.(뭘 기준으로 '정리'하는 건지, 어디까지 포함해야 하는 건지 모르겠는데…. 일단 앉아서 생각부터 해보자.)"

After

육하원칙으로 빈 칸을 되묻기

팀 리더: "이번 건 좀 정리해서 보고해줘요. 다음 주쯤까지는 가능하죠?"

팀원: "어제 논의한 고객 응대 매뉴얼 개편 건 말씀하시는 거 맞으시죠? 어떤 부분에 중점을 두면 좋을까요? 매뉴얼의 문제점 정리 쪽인가요, 아니면 개선 방향 위주로 볼까요?"

팀 리더: "네 맞아요 그거. 개선 방향 제안이 중심이고, 문제점은 간단히 요약해 주세요."

팀원: "수요일 오전까지 초안 드리고, 피드백 반영해서 금요일에 최종본 드리면 어떨까요?"

팀 리더: "좋습니다. 말씀하신 일정대로 진행해 주세요. 그리고 PPT 형식으로 정리해 주세요."

팀원: "네, 고객 응대 프로세스 개편안을 중심으로 수요일 오전에 초안 보고 드릴게요!"

Before와 After를 놓고 보면, 되묻기 한 번으로 업무의 윤곽이 얼마나 선명해졌는지 단박에 드러난다. '정리해서 보고해 달라'는 흐릿한 말도 육하원칙 질문을 통과하면 누구를 위한, 무엇을 담은, 언제까지의 보고서인지 명확해진다.

되묻기는 모르는 걸 묻는 소극적 행위가 아니라, 일을 제대로 궤도에 올리는 주도적 기술이다. 그렇다면, 육하원칙으로 되묻기가 실제로 어떤 효과를 만들어낼 수 있을까? 구체적인 세 가지 효과를 살펴보자.

⊘ 육하원칙으로 되묻기가 가져오는 세 가지 효과

1. 리더의 생각이 정리된다

리더라고 해도 모든 것을 명확히 한 뒤 지시하지 못할 때가 많다. 팀원이 '무엇을' '왜' '언제'처럼 빈 칸을 채워 달라고 질문하면, 리더 역시 머릿속 흐릿한 그림을 선명하게 다듬을 수 있다. 결과적으로 리더는 불안함 없이 일을 맡길 수 있고 팀원은 명확한 기준으로 실무를 진행한다.

2. 팀원이 주도권을 갖는다

육하원칙으로 되묻는 과정은 단순히 정보를 얻는 데 그치지 않는다. 지시를 듣는 순간부터 머릿속에서 내용을 구조화하며, 무엇이 명확하고 무엇이 비어 있는지를 구분하게 된다. 이때 빈칸을 스스로 찾아내는 행위 자체가 곧 업무의 주도권을 잡는 출발점이다. 더 이상 수동적으로 지시를 받는 사람이 아니라, 일을 어떻게 진행할지 방향을 잡는 사람으로 역할이 전환되는 것이다.

또한 이러한 질문 습관은 업무 전반에 대한 시야를 넓혀준다. 일을 단편적으로 처리하는 것이 아니라, 결과에 영향을 미치는 모든 요소를 고려하게 된다. 덕분에 팀원은 지시자의 의도를 더 정확히 파악하고, 상황에 맞는 대안을 제시할 수 있는 위치에 서게 된다. 결국 이는 '시킨 일을 하는 사람'에서 '일을 만드는 사람'으로 성장하는 계기가 된다.

3. 조율의 경험이 쌓인다

업무에서 중요한 것은 단지 좋은 결과를 내는 것만이 아니다. 그 결과에 이르기까지, 서로 묻고 확인하고, 맞춰가는 '조율'의 과정이 더 큰 가치를 만든다. 되묻는 질문은 단순히 정보를 얻기 위한 행위가 아니다. 일을 함께 완성해 가는 과정에 들어섰다는 신호이자, 책임 있는 태도의 표현이다.

아무런 의사소통 없이 혼자서 결과물을 완성하는 것보다 중간 과정에서 되묻고, 피드백을 받고, 방향을 맞춰가며 함께 만든 결과물이 훨씬 더 긍정적인 평가를 받을 수 있다. 되묻기는 습관은 업무를 조율할 기회를 만들고, 조율은 신뢰와 실행력을 함께 높이는 과정이다.

⊘ 되묻는 용기도 실력

연차가 낮을수록, 그 분야에 대해 잘 모를수록 되묻는 것에 주저하게 될 수 있다. '나만 못 알아듣는 게 아닐까?'하는 부끄러움 때문이다.

그러나 진짜 부끄러운 순간은 되묻지 않아서 엉뚱한 방향으로 이해하고, 결국 엉터리 결과물을 내놓았을 때다. 되묻는 것은 무능함의 표현이 아니라, 일을 제대로 하겠다는 책임감의 표현이다. 질문을 통해 명확히 이해하고 나면, 일에 대한 자신감과 주도권도 따라온다. 반대로 어설프게 이해한 채로 진행된 일은, 끝에서 더 많은 수정을 낳고 팀 전체의 자원을 낭비하게 만든다. 되묻는 용기는 초보자의 특권이자, 실무자의 실력이다.

"제가 말한 건 이게 아니에요."라는 말을 듣지 않으려면 '누가' '언제' '어디서' '무엇을' '왜' '어떻게' 중 단 하나만이라도 더 물어야 한다. 막연한 지시와 애매한 이해 사이엔 늘 오해가 끼어들 틈이 있다. 온전히 이해하지 못했다면, 여섯 가지 중 하나만 던져보자.

누가(Who): 이번 자료는 외부 고객용인가요, 내부 팀 회의용인가요?

무엇을(What): 핵심적으로 담아야 할 항목은 어떤 것들인가요?

언제(When): 최종 마감일이 다음 주 금요일이라면, 초안은 언제까지 드리면 될까요?

어디서(Where): 이번 변경 사항은 어느 업무 영역에 적용되는 건가요? 전 지점에 공통으로 적용되나요?

어떻게(How): 어떤 기준이나 관점으로 정리하면 좋을까요? 예를 들면 문제점 중심인지, 개선안 중심인지요.

왜(Why): 이 내용을 전달하는 목적은 무엇인가요? 설득, 보고, 공유 중 어떤 목적에 가까울까요?

육하원칙은 복잡한 기술이 아니지 않은가? 이것은 명확하게 일할 수 있게 만드는 가장 단순한 방식이다. 목표를 명확히 주고받는 대화가 쌓일수록, 당신의 업무력 또한 성장해갈 것이다.

내가 일을
미루는 이유

"할 일이 있어도 자꾸 미루게 돼요…."

강의를 하거나 커뮤니티에서 이야기를 나누다 보면 빠지지 않고 나오는 고민이다. 그런데 이 '미루기'를 자세히 들여다보면 꽤 흥미롭다. 단순히 '의지가 약해서' 생기는 하나의 문제가 아니라, 서로 다른 뿌리를 가진 여러 종류의 미루기가 섞여 있기 때문이다. '아! 또 미뤄버렸다…' 하고 자책할 때, 어제의 미루기와 오늘의 미루기가 똑같아 보이지만 그 안을 들여다보면 이유가 전혀 다른 경우가 많다. 완벽하게 하고 싶어서, 의미가 느껴지지 않아서, 재미가 없어서, 너무 지쳐버려서 등등 미루는 이유는 저마다 다르다.

심지어 같은 사람이어도 일을 미루는 이유는 매번 다를 수 있다. 그래서 '나는 원래 미루는 사람이야'라고 두루뭉술하게 생각하면, 원인을 특정할 수 없기 때문에 미루는 습관을 없애기 어렵다. 핵심은 이것이다. '나=미루는 사람'이 아니라 '이 일=왜 미루게 되었는가'로 접근해야 한다.

따라서 미루는 걸 멈추기 위한 첫걸음은 '끊어내기'가 아니라 '이해하기'다. 지금 당신이 미루고 있는 일이 하나 떠오른다면, 그 일을 떠올리며 이 글을 읽어봐도 좋겠다. 이제부터 대표적인 미루기 유형을 하나씩 살펴보고, 그에 맞는 실질적인 해결 방법을 함께 알아볼 것이다.

⊘ 유형 1. 완벽주의 요정

잘 하고 싶은 마음에 몸에 힘이 들어가는 순간, 이상하게도 시작이 더 어려워진다. 이 책을 쓰기로 처음 마음먹었을 때, 나 역시 그랬다. '두 번째 책이니 첫 책보다 나아야 해. 첫 번째 책을 읽고 만족했던 독자들을 실망시키면 안 되지.'라는 생각이 머릿속을 떠나지 않았다. 그 결과, 한 페이지도 완성하지 못한 채 썼다 지웠다를 반복했다. 그러다 보니 원고를 쓰기로 계획한 시간이 부담으로 느껴졌고, 책상에 앉는 것조차 피하게 되었다. 자연스레 글쓰기는 계속 미뤄졌다.

제대로 하고 싶은 일일수록 실패에 대한 불안도 함께 자리한다. 불안감이 커지면 '이 일은 아직 내가 할 깜냥이 아니야'라며 시도조차 하지 않게 된다. 스스로 부족하다고 느끼니 계속 준비만 하게 된다. 계속 자료 조사만 하고, 계속 사람들의 의견만 묻고, 계속 책을 읽는다. 이렇듯 '완벽하게 잘 하고 싶은 마음'과 '망할까 봐 두려운 마음'은 둘이 함께 다니는 경우가 많다.

여러분이 이 책을 읽고 있다는 것은 내가 완벽주의 요정에게서 벗어났다는 증거다. '모든 초고는 쓰레기다'라는 헤밍웨이의 말 한마디를 붙잡고, '일단 쓰고 고치자'라는 마음으로 써내려 갔다. 얼마든지 고칠 수 있다는 생각이 나를 편안하게 만들었고, 마음이 편안해지니 책 쓰기를 계획한 시간을 더 이상 미루지 않게 되었다.

잘하고 싶어서, 망칠까 봐 두려워서 미루게 된다면 이렇게 생각해 보자. '이것은 초안이다. 고치면 그만이다.' 그리고 완벽한 상황이나 충분한 시간을 기다리지 말고, 할 일을 작은 단위로 쪼개자. 그중 쉬운 것 하나만 먼저 해보자. 실제로 이 책도 목차 순서대로 쓰지 않았다. 가장 쉽게 쓸 수 있을 것 같은 챕터부터 골라 썼다.

실체를 빨리 만드는 것, 그것이 완벽에 가까워지는 첫 걸음이다. 나는 이 책을 아기가 100일이 되었을 무렵부터 본격적으로 쓰기 시작했다. 나에게는 글쓰기에 완벽한 시간과 체력 그리고 완벽한 공간 따위는 없었다. 그저 쓸 수 있을 때 워드를 켜는 수밖에. 아기가 잠든 소중한 시간을 잘 활용하고 싶었지만, 잘 써야 한다는 압박이 컸던 탓에 썼다 지웠다를 반복했다. 몇 문장 쓰지 못했는데 아기는 잠에서 깨기 일쑤였다. 그래서 더 가볍게 시작했다. 각 챕터에서 하고 싶은 말을 일단 쏟아냈다. 그리고서 두서없이 적은 조각들을 엮고, 순서를 조정하고, 살을 붙이며 조금씩 다듬어 나갔다.

퇴고를 하려고 전체 글을 한 파일에 모아놓고 보니 A4 150장이 넘게 글을 썼다는 것을 알게 되었다. 조금씩 했더니 어느새 완성된 것이다. 보잘 것 없더라도 일단 초안이 있었기에 가능한 일이었다. 역시 헤밍웨이는 옳았다!

인터넷에서 본 대충, 빨리, 잘! 이것도 헤밍웨이의 노하우와 일맥상통한다. 일단 대충 빨리 실체를 만들어 두자. 그래야 완벽하게 고칠 수도 있다.

⊘ 유형 2. 벼락치기 장인

벼락치기로 좋은 결과를 얻은 경험이 반복되면, 뇌는 이 패턴을 긍정적으로 학습한다. '벼락치기 → 성공'이라는 연결고리를 통해, 자기 효능감과 자기 신뢰가 오히려 강화되는 것이다. 간단히 말해 '믿을 구석'이 생기는 것이다. '저번에도 하루 전날 밤새웠어. 들인 시간 대비 성적이 괜찮았지' '어차피 난 막판에 집중력이 올라오는 스타일이야'라고 생각하는 것이다. 이렇게 스스로를 안심시키고, 미루는 습관을 계속 정당화한다. 그러면서도 마음 한편에서는 스트레스를 느낀다.

이럴 때는 미루지 않고 해내야 하는 이유를 다시 되새겨 보자. 그저 하는 것만이 목표인지, 아니면 잘 하는 게 목표인지 스스로에게 질문하는 것이다. 다음은 미루기 습관을 되돌아볼 수 있는 상황별 자가 점검 예시다.

직장인	상사에게 보고서 초안을 제출하지 못하고 있는 경우 - 보고서를 내는 것이 목표인가? - 핵심 내용을 잘 정리해서 업무 방향을 주도하는 것이 목표인가?
이직 준비를 하는 직장인	퇴근 후 이직 준비를 계속 미루고 있는 경우 - 회사를 옮기는 것이 목표인가? - 나에게 맞는 좋은 회사로 옮기는 것이 목표인가?
논문을 쓰는 대학원생	서론 작성만 붙잡고 미루고 있는 경우 - 서론을 완성하는 것이 목표인가? - 논문의 흐름을 설계해 설득력 있게 전달하는 것이 목표인가?
1인 기업가	SNS 콘텐츠 제작을 계속 미루고 있는 경우 - 콘텐츠를 올리는 것이 목표인가? - 내 브랜드를 믿고 찾는 사람들을 늘리는 것이 목표인가?
운동선수	루틴 훈련을 계속 미루고 있는 경우 - 훈련을 빠뜨리지 않는 것이 목표인가? - 더 나은 경기력을 만들어내는 것이 목표인가?
강사	강의안을 계속 고치기만 하고 실행에 옮기지 못하는 경우 - 완벽한 강의안을 만드는 것이 목표인가? - 학습자에게 전달하고 변화를 일으키는 것이 목표인가?

마감 직전의 벼락치기로도 '제출'이라는 최소 목표는 달성할 수 있다. 그러나 보고서로 업무의 방향을 주도하고, 이직으로 더 좋은 회사에 들어가고, 더 설득력 있는 논문을 쓰고, 콘텐츠로 브랜드를 키우고, 훈련으로 경기력을 끌어올리고, 강의로 학습자의 변화를 이끌어내는 '잘 해내기'가 목표라면 이야기가 달라진다.

목표가 '끝내기'인지 '잘 해내기'인지 분명해지는 순간, 필요한 것은 의지가 아니라 더 넉넉한 시간이다. 지금 미루기를 끊고 한 시간이라도 먼저 시작하면, 그만큼 결과의 깊이와 완성도가 달라진다. 이는 역량의 문제가 아니다. 시간관리의 문제다.

⊘ 유형 3. 동기 실종자

'왜 이걸 해야 하지?'라는 질문에 답할 수 없으면, 사소한 일조차 무겁게 느껴진다. 이런 경우엔 아래 세 가지 방식 중 하나를 적용해보면 미루기의 고통에서 벗어날 수 있다

첫째, 의미를 연결하는 질문 던지기
- 이 일을 했을 때 나에게 어떤 이득이 있을까?
- 이 일을 안 한다면 나 또는 남에게 어떤 손해가 있을까?

- 이 일은 결국 누구에게 도움이 되는가?

예를 들어, '업무 자동화 시스템 도입을 위한 사전 조사 보고서' 작성을 미루는 직정인은 이렇게 질문할 수 있다.

Q. 이 일을 했을 때 나에게 어떤 이득이 있을까?

A. 매일 반복적으로 처리하던 수작업 시간이 줄어들 수 있다. 또한, 이 프로젝트를 통해 전문성을 인정받을 수 있다.

Q. 이 일을 하지 않는다면 나에게 또는 남에게 어떤 손해가 있을까?

A. 아무도 이 문제를 먼저 꺼내지 않으면, '불편한 줄 알면서도 참고 넘어가는 시스템'이 계속될 것이다. 동료들도 매일 엑셀 붙잡고 스트레스 받을 거고, 나 역시 퇴근이 늦어지는 하루하루가 반복될 수 있다.

Q. 이 일은 결국 누구에게 도움이 되는가?

A. 나 자신은 물론, 동료들과 앞으로 이 조직에 들어올 사람들 모두에게 도움이 된다.

이 보고서는 단지 사전 조사가 아니다. 매일 "이건 왜 사람이 하고 있지?"라고 생각했던 문제를 해결할 수 있는 첫 문서다. 더 나아가, 이 자동화 제안이 현실화하면 우리 조직의 시간 쓰는 방식 전체가 달라질 수 있다. 이건 시스템을 바꾸는 첫 걸음이다. 그리고 그 출발선에 내가 있구나!

일을 통해 나와 다른 사람이 얻을 이익, 편의, 가치와 손해, 민폐, 불편함을 연결해 보는 것. 이는 미루기를 해결하는 것을 넘어, 일하는 시간을 성장하는 시간으로 바꾸는 비법이다. 그냥 일을 하는 사람과 일이 주는 의미를 알고 하는 사람은 성장 속도가 다를 수밖에 없으니, 배속 성장의 비결이라고도 할 수 있다.

둘째, 작지만 현실적인 이유로 연결하기

모든 일에 있어서 대의를 연결하기 어려울 수 있다. 그럴 땐 작고 현실적인 편의나 즉각적인 만족감을 동기 삼아보자. 위 직장인의 예시와 같은 상황일 때, 아래와 같이 적용해 볼 수 있다.

마음이 즐거워지는 이유 하나만으로도 행동을 시작할 수 있다.

- "이거 오늘 안에 정리해두면, 내일 아침엔 머리 덜 복잡하겠지."
- "자료조사만 해두면, 주말엔 마음 편하게 넷플릭스 한 편 볼 수 있을 것 같아."
- "완벽하진 않더라도 일단 목차라도 정리해두면, 내일 팀장님한테 '이런 생각 중이에요'라고 슬쩍 보여줄 수 있겠지."
- "사실 지금 30분만 집중하면, 다음 주 팀 회의 때 말할 거리에 여유 생길지도 몰라."

셋째, 의미 없이도 '해버리는 힘'에 집중하기

도무지 납득되지 않는 일도 있다. 의미도 없고, 오히려 쓸모없어 보이는 일이 우리를 가장 지치게 만든다. 이럴 때는 억지로 의미를 찾으려고 애쓰기 보다 '빨리 해 버리는 것'에 초점을 맞추는 게 오히려 도움된다.

예를 들어 상사가 다음 날까지 정리해서 보고해달라고 한 문서가 있는데 그 문서가 누가 봐도 아무도 읽을 것 같지 않은 형식적인 문서라면, 이렇게 생각해 보자.

> - "의미는 없지만, 1시간 안에 끝내는 속도 게임이라 생각하자."
> - "내 기준에선 불필요하지만, 이걸 내가 빠르게 정리하면 다음에 다시는 안 시킬 수도 있어."
> - "오늘도 보고서 스킬이 +1 향상되고 있군."
> - "어차피 해야 할 거면 덜 억울하게, 내 방식으로 끝내버리자."

의미 없는 일을 오래 끌수록 지치는 건 나 자신이다. 빠르게 해치우고 빠져나오는 것, 그것이 전략이다. 그리고 가능하다면, 그 일 안에서 아주 조금이라도 나에게 유의미한 포인트를 찾자. 어떤 상황에서도 나의 행동을 성장에 도움이 되는 방향으로 돌릴 수 있다.

⊘ 유형 4. 에너지 바닥 환자

일을 계속 미루면서 '나 왜 이러지?'라는 자책을 반복하게 된다면, '너무 지친 건 아닐까?'하고 질문을 바꾸어 보자. 컨디션이 좋지 않거나 자신도 모르게 번아웃이 왔을 때, 에너지가 없어 미루게 되기 때문이다.

이럴 때는 무작정 버티려 하기 보다는 회복이 먼저다. 하루의 일부 시간을 비워두는 것부터 몇 주 동안 일을 줄이고 회복하는 것까지, 상황에 따라 맞는 휴식 계획이 필요하다. 물론 휴식을 하려면 업무 우선순위를 조정하는 것이 불가피하지만, 지금은 쉬는 게 1순위라고 단호하게 결정하는 용기가 필요할 때가 있다.

지난 달의 나는 무척 바빴다. 아기를 어린이집에 보낸 후 이 책을 쓰거나 지방으로 강의를 하러 갔고, 새로운 버전의 플래너를 론칭하며, 매주 월요일 유튜브에서 라이브 강의까지 진행하고, 요청받은 칼럼도 썼다. 그 와중에 감기는 3주째 나을 기미가 없었다. 그리고 오후 3시부터는 육아에 전념해야 했으니, 하루가 순식간에 증발했다.

그러던 어느 날, 집중력이 심각하게 무너졌다. 책상에 앉으면 머리가 멍했고, 계속 딴짓으로 빠져들었다. 풀리지 않는 글을 잡고 있을 끈기가 남아 있지 않았다. 나는 번아웃을 몇 번 겪어 본 터라

'어! 이러다 완전 소진되겠다!'라는 경고등이 켜졌다. 그래서 그날 모든 일을 내려 놓았다. 해야만 하는 일들이 많았지만, 지금 쉬지 않으면 어느 날 갑자기 퓨즈가 나가버려 더 긴 시간을 허비할 게 뻔했기 때문이다.

나는 냉장고에서 레몬치즈케이크를 꺼내 에어컨을 켜고, 침대에 파묻혀 보고 싶었던 영화를 틀었다. 그리고 다음 날은 병원에 가서 수액을 맞았고, 그 다음 날은 스스로에게 깊은 낮잠을 허락했다. 사흘 간의 자체 휴가 덕분에 몸과 마음이 빠르게 회복되어 다시 집중할 수 있는 상태로 돌아왔다. 최근에 내가 내린 결정 중 가장 잘 한 선택이었다. 사흘을 내어주고, 3주를 얻은 것이다.

직장에 다닐 때는 가끔 아무 이유 없이 연차를 썼다. 은행 업무, 건강 검진, 집안일 등 용건이 있어서가 아니었다. 나를 위한 연차를 쓰는 것이다. 큰 프로젝트가 끝난 후 소진되어 업무 의욕이 떨어질 때는 연차를 써서 온전히 쉬어 주기도 했고, 비슷한 일상의 반복으로 재미있는 자극이 없어서 지쳤을 때는 연차를 활용해 혼자 미술관이나 팝업 스토어에 놀러가기도 했다. 물론 매일 해야 할 업무가 있었지만, 하루 출근하지 않는다고 큰 일이 일어나지 않는다는 마음으로 일 생각을 하지 않고 쉬었다. 하루의 쉼을 통해 다시 업무에 몰입할 에너지를 얻은 것이다.

'무슨 말인지는 알겠지만, 지금은 쉴 때가 아니야…' 여전히 이렇게 생각하고 있는가? 그렇다면, 잘 쉬는 것도 일이라고 사고를 전환해야 한다. 어차피 집중이 되지 않고, 계속 미루어지고 있는 것이라면 잠시 멈추자. 여러 번의 소진 방지용 휴식을 경험한 내가 얻은 깨달음이다.

⊘ 유형 5. 긴급 처리반

이 유형은 의욕이 없어서가 아니라, 너무 바쁘기 때문에 중요한 일을 미루게 되는 것이다. '이것만 처리하고 나면 할 수 있어' '이번 주 지나면 여유가 생길 거야' '중요한 건 알지만… 일단 급한 게 먼저니까' 이렇게 말하며 나중을 기약하곤 한다. 하지만 그 나중이란 건 좀처럼 오지 않는다.

이럴 때는 먼저 '몰입 기한'을 정하는 것이 좋다. '다음 주까지 끝내야 할 일이네'라고 마감 기한만 인식하고 다른 일로 넘어가는 것은 해결책이 아니다. 예정된 마감에 맞추기 위해, '이 일은 이번 주 수요일 오전에 처리하자'라는 식으로 몰입 시간을 구체적으로 일정에 적어두는 것이 핵심이다.

장기적으로 봤을 때, 급한 일만 처리하는 패턴을 바꾸려면 업무 구조를 변경할 필요가 있다. 무슨 일이 생길지 모르지만, 급한 일을 하는 시간을 하루에 한두 시간 빼 두거나 반대로 아무리 급한 일이 있어도 중요한 일을 하는 시간을 하루에 30분에서 한 시간은 빼 두는 것이다. 두 가지는 상황에 따라 달리 적용할 수 있고, 각각의 장단점이 다르다.

일의 성격과 업무 환경에 따라 전략을 달리하자. 1안과 2안 중 어느 전략이 더 낫다고 단정할 수 없다. 업무 환경, 일의 성격 등에 따라 다르게 적용할 수 있다. 아래의 두 사례는 그 각각의 전략을 잘 활용한 예시다.

1안. '예상 못할 급한 일'을 위한 시간 비워두기 - 공인중개사 재호씨

재호씨는 1인 공인중개사 사무소를 운영한다. 매물 정리, 계약서 준비, 블로그 홍보, 부동산 플랫폼 업로드 등 정해진 일도 많지만, 가장 큰 변수는 언제 찾아올지 모르는 손님들이다. 하루의 업무 시간을 8시간으로 계획하니 거의 매일 할 일을 제대로 끝내지 못했다. 손님이 찾아오면 일은 중단되고, 계획이 무너진다는 생각에 짜증이 밀려왔다. 손님은 항상 반갑지만 일이 밀리니 짜증이 나는 것도 사실이라며 고충을 털어놨다.

우리는 전략을 바꾸기로 했다. '하루 업무는 여덟 시간이 아닌 다섯 시간'이라고 생각을 바꾼 것이다. 이에 맞춰 다섯 시간 분량의 업무량만 계획하고, 나머지 세 시간은 손님 응대를 위한 시간으로

잡았다.

　이렇게 업무 구조를 조정하자 변화가 생겼다. 먼저, 일하는 도중 손님이 와도 불편하지 않았다. 이미 손님을 위해 확보해둔 세 시간이 있다고 생각하니 마음에 여유가 생긴 것이다. 더 이상 손님이 방문하는 것에 대해 양가감정을 느끼지 않고, 손님이 원하는 바에 집중할 수 있게 되었다.

　게다가 손님이 적게 방문한 날은 계획보다 더 많은 일을 할 수 있게 되었다. 재호씨는 "하루의 마무리가 '계획을 못 지킨 날'에서 '오히려 더 해난 날'로 바뀌었어요. 생각하는 방식을 조금 바꾸었을 뿐인데, 심리적으로 큰 변화가 생겼어요."라며 만족스러운 일상의 변화를 전해주었다.

2안. '중요한 일'을 위한 시간을 확보하기 - 가수 성시경

　가수 성시경은 일본어를 능숙하게 구사한다. 일본어로 노래하고, 일본 팬들과 편안하게 소통할 수 있을 정도다. 하지만 그가 일본어 공부를 시작한 것은 마흔이 넘은 이후였다. 그는 KBS 〈실연박물관〉이라는 프로그램에서 이렇게 말했다. "40대 접어들어서 가장 불 태웠던게 일본어 공부였던 것 같아요. 저 같은 술꾼이 아침에 일어나서 최소 두 시간, 자기 전에 아무리 취해도 한 시간. 그렇게 1년 반을 했어요."

아무리 바쁘고 컨디션이 안 좋아도, 아무리 술을 마셨어도 하루 한두 시간의 일본어 공부 시간만큼은 무조건 지켜낸 것이다. 외부의 상황과 무관한 중요한 일을 해내는 시간이다.

자꾸만 바쁘다는 이유로 중요한 일을 미루게 된다면, 바쁜 것을 대비하는 시간을 확보하거나 중요한 것을 반드시 하는 시간을 확보하자. 기억하자. 무엇을 먼저 할지는 내 선택에 달렸다. 내가 결정할 수 있다.

구분	1안. 급한 일 대응 시간 확보	2안. 중요한 일 고정 시간 확보
전략 설명	예기치 못한 급한 일을 처리할 여지를 하루 1~2시간 확보	급한 일이 있어도 '중요한 일'을 위한 30분~1시간은 반드시 확보
추천 상황	- 협업이 많고, 예측 불가능한 일이 자주 생기는 팀 환경 - 일정에 여유를 두고 유연성을 중시할 때	- 개인 프로젝트, 장기 목표, 콘텐츠 제작 등 중요한 일의 누적이 필요한 경우 - 혼자 일하거나 자기 주도성이 중요한 직무일 때
장점	√ 급한 요청, 긴급한 협업 등으로 인한 일정 붕괴 방지 √ 유연한 일정 운영 가능 √ 팀과의 협업 시 신뢰 유지	√ 중요한 일이 밀리지 않고 '진짜 성과'로 이어짐 √ 몰입 시간 확보로 자존감/효능감 유지 √ 장기 목표 추진 가능
단점	✕ 급한 일이 없으면 그 시간에 집중 흐름이 깨질 수 있음 ✕ 중요한 일이 계속 뒤로 밀릴 수 있음	✕ 긴급한 요청과 충돌 시 갈등 발생 가능성 ✕ 조직이나 팀의 협업 구조와 어긋날 수 있음
시간관리 마인드셋	"변수를 대비한 유연함 확보한다"	"나를 위한 핵심 시간은 스스로 지킨다"

⊘ 유형 6. 막막이

처음 하는 일이거나, 잘 모르는 분야에 대한 일의 경우에는 내가 무엇을 어떻게 해야 하는지에 대해 머릿속에 그림이 그려지지 않는다. 이 경우 막막하다는 느낌이 들면서 안개 같은 이 분야에 대해 마주하는 것을 계속 미루게 된다.

이때는 일을 한다는 생각보다는 탐색을 한다고 가볍게 생각한다. '이게 무엇인지 일단 좀 알아보자'라는 마음을 가지는 것이다. 막막함을 덜어주는 세 가지 탐색 방법을 소개한다.

1. 생각을 쏟아낸다

빈 종이에 아무 생각이나 적어 내려가기 시작한다. 이때는 일의 순서, 내용의 구조화 같은 건 고려할 필요가 없다. 아무 생각이나 적다 보면 내가 무엇을 모르고 무엇을 알고 있는지, 앞으로 무엇을 더 찾아보아야 하는지 가늠할 수 있다. 쏟아내기는 챕터 3에서 상세하게 소개하고 있다.

2. 비슷한 사례를 찾아본다

비슷한 일을 해 본 사람의 예시나 템플릿, 영상, 후기 또는 책 등 다양한 정보를 찾아본다. 몇 가지를 보다 보면 일의 형태가 눈에 들어온다. 예를 들어 정부 지원사업의 사업계획서를 처음 작성해야 해서 막막하다면, 이미 선정된 보고서를 다섯 개 정도만 읽어보아도 나의 상황에 적용할 수 있는 감을 잡게 된다.

3. AI에게 물어본다

AI에게 업무의 흐름에 대해 물어보자. 다음의 내용은 업무의 대략적인 흐름을 파악하는 정도의 도움을 줄 수 있는 프롬프트들이다. 이것을 바탕으로 상황에 맞는 질문을 더해 볼 수 있다.

> - 이 업무를 처음 접하는 상황이야. 어떤 순서로 일을 진행하면 좋은지 단계별로 알려줘.
> - 각 단계에서 고려해야 할 사항을 알려줘.
> - 이와 유사한 업무로 성공과 실패 사례를 검색해줘.
> - 기존의 기획과 차별화를 할 수 있는 포인트는 무엇일까?

4. 먼저 경험한 사람에게 물어본다

1에서 3번까지 탐색하다 보면 궁금한 점이 생길 수 있다. 이것을 이미 경험한 사람에게 직접 물어본다. 아무것도 모르는 상태에서 물어보는 것 보다 약간의 지식을 가지고 물어보는 편이 더 낫기 때문에, 사전 탐색을 거친 후 질문하는 것이 좋다. 그래야 공개된 정보에서는 얻을 수 없는 경험자의 생생한 조언을 이끌어낼 수 있기 때문이다.

이와 같이 가볍게 탐색하는 과정을 통해, 일을 어떻게 처리하면 되겠다는 그림을 선명하게 그릴 수 있다. 머릿속에 그림이 그려지면, 행동하는 것은 훨씬 쉬워진다.

누구나 미루고 싶은 마음이 든다. 그리고 상황에 따라 미루고 싶은 이유가 각기 다를 수 있다. 그래서 중요한 것은 '왜' 미루는지를 먼저 아는 것이다. 이유를 알면 나를 이해하게 되고, 이해하게 되면 미루는 나를 다그치기 보다 도울 수 있으니 말이다.

자신에게 물어보자.

'이 일은 왜 미루고 싶은 걸까?'

마감 기한이 아닌
몰입 기한을 정하자

여기 힘든 밤을 보내는 세 사람이 있다.

직장인 해찬은 3일 연속 야근 중이다. 내일까시 하반기 신제품 기획을 팀 내에서 발표해야 하는데, 아직 마무리가 덜 되었다. 해찬은 마음이 급하다. '와, 딱 하루만 더 있었으면 좋겠다. 그럼 더 완성도 있게 끝낼 수 있을텐데… 오늘 밤 안에는 진짜 끝내야 하는데, 할 수 있을까?'

대학생 영지는 오늘 도서관에서 밤을 샐 예정이다. 내일까지 제출해야 하는 전공 과목의 과제를 이제야 시작하기 때문이다. '하…. 난 왜 항상 이런 패턴일까? 좀 미리 할 수 없을까? 그렇지만 난 항상 임박해야 집중이 잘 되더라!'

개인사업을 하는 희민도 사무실에 홀로 남아있다. 사업에 필요한 자금과 공간을 지원받을 수 있는 국가지원사업 서류 제출이 내일까지여서다. 낮에는 그날 그날 발생하는 업무를 처리하고, 사업에 도움이 될까 하여 사람도 많이 만나다 보니 사업 계획서를 쓸 시간이 없었다. '이번 지원사업 꼭 받고 싶은데…. 어제 약속은 꼭 나가지 않아도 되었던 건데 왜 나갔을까? 하지만 지금 와서 후회하면 뭐하겠어? 일단 집중해서 써 보자!'

힘든 밤을 보낸 이들의 결과는 어떻게 되었을까?

직장인 해찬은 신제품 발표는 해냈으나, 발표 후 쏟아지는 질문에 대한 답변까지는 준비하지 못해 진땀을 뺐다. 대학생 영지는 마감 5분 전까지 과제를 하다 급하게 제출을 했는데, 다시 읽어보니 오타가 많이 발견되었다. 개인사업자 희민은 필수 첨부해야 하는 서류를 준비하지 못해 지원을 해도 의미가 없게 된 상황이다.

세 사람의 안타까운 사례는 우리의 모습이기도 하다. 왜 안타까운 것일까? 이들이 회사에서 인정받지 못하고, 기대하는 학점을 성취하지 못하고, 사업에 필요한 기회를 놓치게 된 게 능력이 없어서가 아니기 때문이다. 자신의 능력을 최대치로 발휘하지 못하는 이유는 시간관리를 못했기 때문이다. 이미 가지고 있는 내 능력을 빛나게 하는 것, 시간관리가 필요한 이유다.

그렇다면 마감 기한이 되어 허덕이며 적당한 결과물을 내는 악순환을 끊으려면 어떻게 해야 할까? 업무를 위해 초집중하는 시간을 변경하는 것이다. 마감이 닥친 시간대에서 업무 시작 초반으로 집중기간을 옮겨서 완성도를 다듬고 자신의 능력을 최대치로 끌어올릴 수 있다.

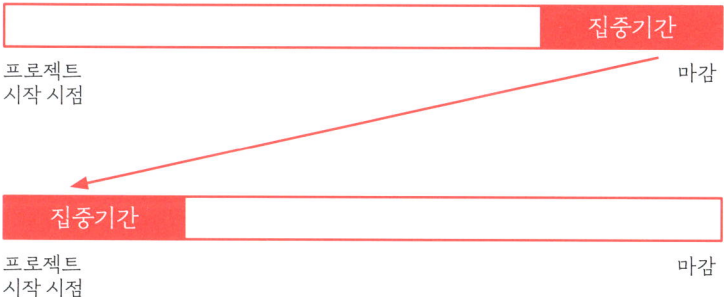

⊘ 80:20의 법칙

'80:20의 법칙'은 한 번은 들어본 적이 있을 것이다. 이탈리아의 경제학자 빌프레도 파레토가 발견한 개념으로, 당시 이탈리아 인구의 20%가 전체 부의 80%를 소유하고 있다는 점을 발견하면서 알려졌다. 또한 일반적인 문제의 80%는 20%의 원인 때문에 일어난다고 해석되기도 한다.

나는 3차 병원에서 병원의 시스템을 만드는 일을 하면서 80:20의 법칙이 실제 현장에서도 적용된다는 것을 여러 차례 목격

했다. 치료 과정 중 일어날 뻔하거나, 이미 일어난 다양한 오류의 데이터가 내가 일했던 부서로 모인다. 우리 부서의 주 업무는 그 데이터를 분석해, 어느 부분을 개선하면 유사한 일이 다시는 일어나지 않을까 고민하는 것이었다.

신기하게도 80%의 문제가 20%의 원인으로 일어나는 경우가 꽤 있었다. 다시 말하면 100건 중 80건의 문제가 한두 개의 원인으로 생겨나는 것이다. 그러니 한두 개의 원인을 해결하는 데에 집중하면, 80건의 문제가 사라지는 셈이었다.

로켓이 발사될 때도 연료의 80%를 초반 20%에 모두 태운다고 한다. 이것에 착안하여 프로젝트 일정관리를 제시한 개발자가 있다. 『오늘 또 일을 미루고 말았다』의 저자 나카지마 사토시다. 그는 일본 마이크로소프트사의 개발자였는데, 미국 본사로 발령을 받는다. 본사에는 천재 개발자도 더 많을 게 분명한 데다가 자신은 영어도 유창하지 않은데 어쩌나 하고 걱정을 했다고 한다.

미국에 가서 일을 해보니 천재 개발자들이 실제로 많았다. 그렇지만 그들에게도 한 가지 치명적인 결점이 있었다. 일정을 잘 지키지 않았고, 자신이 하는 일도 잘 공유하지 않아서 협업에 어려움이 많았던 것이다. 그래서 자신은 무조건 업무 기한을 잘 지켜서 함께 일하기 좋은 사람이 되겠다고 마음먹었다고 한다.

나카지마 사토시는 로켓과 같이 업무의 80%를 20%의 일정에 적당히 마무리 짓고, 나머지 80%의 기간에 완성도를 높여가는 방식으로 일했다. 결국 그는 본사에서 인정받으며 빌 게이츠와 함께 일했고, 윈도95의 성공을 이끈 주요 인물 중 한 명이 되었다.

⊘ 80:20의 법칙 적용하기

80:20의 법칙은 프로젝트성 업무나 과제 또는 시험 준비 등에 적합한데, 일정의 20%의 기간에 프로젝트의 80%를 끝내는 것이다. '그게 어떻게 가능해?'라는 생각이 들 수도 있다. 하지만 생각해보자. 마감 기한에 임박해서 집중할 때, 일정의 10%의 시간으로 프로젝트의 90% 이상을 끝내고 있는 것이다. 우리는 이미 80:20의 법칙을 적용하고 있다. 여기에서 한 가지 변화를 주자. 집중하는 시간을 마감 기한 직전에서 일을 시작하는 시점으로 바꾸는 것이다. 이것을 실제 업무에 적용해 보자.

예를 들어 회사에서 새로운 서비스를 론칭하려 한다. 고객과의 접점을 넓히고 충성 고객을 만들기 위한 목적이다. 당신이 이 일과 관련한 업무를 담당하게 되었다. 챌린지 형식의 새로운 서비스 론칭 기획안을 3주 후에 보고해야 한다.

월	화	수	목	금
1일차 자료 조사	2일차 기획 초안	3일차 초안 보고 및 의견 청취	4일차 다른 업무와 병행하며 완성도 높이기	5일차
6일차	7일차	8일차	9일차	10일차
11일차	12일차	13일차	14일차	15일차

'아직 3주나 남았네? 일단 급한 일을 먼저 해야지'와 같은 행동 패턴은 잠시 넣어두고, 80:20의 법칙을 적용해보자. 우선 3주면 실제로 일하는 날은 15일이고, 이 기간의 20%는 3일이다. 초반 3일 동안 80%의 업무를 끝내는 것이 목표다.

업무의 80%
끝냄

다른 업무와 병행하며
완성도를 높임

집중기간	

마감

프로젝트
시작 시점

1일차: 자료 조사

챌린지 형식의 새로운 서비스 론칭과 관련된 모든 자료를 조사한다. 과거에 비슷하게 진행된 프로젝트가 있는지 검색하거나, 경쟁사에서 진행하고 있는 트렌드에 맞는 예시들을 찾아본다. 이 기간에는 충분히 자료를 모으고, 적용 가능한 부분을 뽑아낸다.

2일차: 운영 기획 개요 작성

챌린지 운영 기획 초안을 작성한다. 콘셉트와 챌린지 운영을 통해 얻고자 하는 것, 운영 방안 등에 대한 뼈대를 세운다.

3일차: 보고용 기획안 쓰기

챌린지 운영을 위해 보고하는 기획서를 작성한다. 이때의 기획서는 방향성 확인이 목적이므로 상대가 이해할 수 있는 수준으로 핵심 내용만 넣으면 된다. 주어진 시간은 3주이지만, 3일차에 빠르게 컨셉과 방향성을 공유하고 의견을 듣는 편이 좋다. 회사에서 처음 진행하는 업무라면 더욱 그렇다.

4일차: 마감 기한까지 여유 있게 완성도 높이기

일정의 20%에 해당하는 3일 동안 80%의 방향성이 정해졌다. 팀내 공유를 통해서 피드백도 받았다. 이제 남은 기간에는 천천히 자료를 보충하면서, 완성도를 높여가면 된다. 만약 보고 후 방향성을 완전히 바꾸어야 한다면, 지금 시점을 기준으로 80:20의 법칙을 적용한다. 즉 3일 후, 다시 수정된 방향성을 공유하는 것을 목적으로 업무 계획을 세우는 것이다.

⊘ 생존형 몰입이 아닌 성장형 몰입으로

이렇게 80:20의 법칙을 적용하는 것과 마감 직전 몰입하는 것은 어떤 차이가 있을까?

결과물의 완성도가 달라진다는 게 가장 큰 장점이다. 마감 직전 몰입하면 급하게 마무리를 짓는다. 자연히 디테일이 부족하거나 빠뜨리는 것이 생기기 쉽다. 또한 일단 끝내야 한다는 압박을 느끼는 탓에 일을 하는 동안 유연한 사고를 하기도 쉽지 않다.

반면 80:20의 법칙을 적용하면 어떻게 하면 더 좋은 결과를 낼 수 있을지 생각하는 마음의 여유를 가지게 된다. 이 여유는 기존에 하지 않았던 방법을 시도하게 하거나, 작은 부분이라도 다르게 표현할 수 있는 창의성이 열린 공간을 준다.

둘째, 협업의 질이 다르다. 마감 직전에 업무를 마무리하면, 피드백을 받을 시간이 없다. 동료나 상사와 생각의 방향성이 다르다면, 수정할 여유도 없이 그대로 제출해야 한다. 자연스럽게 '이 방향 맞나?'하는 불안이 생기고, 결과적으로 팀워크가 깨질 우려도 있다. 반면 80:20의 법칙을 적용해 초반에 초안을 만들고 공유하면 피드백을 반영할 시간이 충분하다. 빠르게 방향을 조율하고, 함께 다듬어가는 과정 속에서 '같이 만든다'는 협업의 감각이 생긴다. 특히 처음 해보는 업무나, 새로운 시도일수록 빠른 공유는 더 큰 힘을 발휘한다.

셋째, 내가 느끼는 만족감이 다르다. 마감 직전에 몰입하면 끝낸 후 안도감을 주지만, 그 안에 뿌듯함이나 성장은 잘 담기지 않는다. 오히려 '조금만 더 일찍 했으면 좋았을 텐데'라는 아쉬움이 남는다. 그러나 80:20의 법칙을 적용하면 스스로 일의 흐름을 설계하고 주도했다는 자기효능감을 느낄 수 있다. 더 나아가 여유 있게 마무리하는 과정에서 성장의 포인트를 발견하거나, 스스로를 칭찬할 수 있는 순간도 늘어난다. 일은 같지만, 그 일을 통해 나를 대하는 방식이 달라지는 것이다.

마감 직전의 몰입을 생존형 몰입이라고 한다면, 80:20의 법칙을 적용하는 것은 성장형 몰입이라고 부를 수 있지 않을까? 같은 에너지를 쓰더라도 어떤 방식이 나를 더 성장시키는지는 분명하다. 일을 끝내는 것에 초점이 맞추어진 사람과 더 좋게 만들 수 있는 여지를 찾는 사람의 성장 속도는 다를 수밖에 없으니 말이다.

⊘ 시간이 부족할수록 더 효과적인 전략

80:20의 법칙을 업무에 적용했을 때의 시나리오와 이점에 대해서도 알게 되었다. 그럼에도 여전히 의문이 남아있을 수 있다. 당신

이 가질 수 있는 몇 가지 의문에 대한 해답을 준비했다. 마감 기한 직전에 몰입해서는 당신이 가진 능력의 최대치를 활용할 수 없다. 당신이 가진 능력을 다 펼칠 수 있도록 행동을 주저하게 만드는 작은 의문도 제거하고 싶다.

의문 1. 정말 20%의 시간에 80%를 할 수 있다고?

작은 것부터 시도해서 효과를 확인해보자. 오늘 보고서를 쓰는 데에 3시간을 예정했다면 초반 30분을 이용해 보자. 초반 30분에 보고서에 들어가야 할 필수 항목을 적어 뼈대를 만들고, 그 안에 반드시 들어가야 할 키워드를 쏟아내 보자. 그리고 그것을 대략적인 문장으로 바꾸어 적자. 30분 동안 만든 보고서 초안이 있으니, 나머지 2시간 30분 동안은 살을 붙이는 시간을 가질 수 있다.

반대로 3시간 동안 보고서를 쓰겠다고 생각하면 초반 30분은 빈 화면에 깜박이는 커서만 바라보며 썼다 지웠다를 반복하는 게 보통이다. 또는 자료 조사를 한다는 생각으로 1시간이 넘게 인터넷을 휘젓고 다닐 수도 있다. 그러다 30분 정도를 남기고 보고서를 쓰기 시작해, 계획한 3시간을 넘겨버린다. 그리고는 '생각보다 시간이 많이 걸리는 작업이야!'라고 생각할지도 모른다.

의문 2. 다른 일이 너무 많아서 초반에 몰입할 시간이 없어요

하나의 일만 하는 경우는 드물다. 충분히 이해할 만한 상황이다. 특히 회사에서 여러 프로젝트를 동시에 맡고 있거나, 급한 요청이 수시로 들어온다면 한 가지 일에만 집중하는 시간을 확보하는 게 정말 어렵다. 하지만 생각해보자. 결국 마감 기한이 되면 다른 일을 제쳐두고 이 일을 먼저 하게 되지 않는가? 결국 어떤 일을 먼저 할 것인지는 내가 선택할 문제다. 스케줄이 나를 조정하는 것이 아니라, 내가 스케줄을 조정할 수 있다는 믿음을 가져보자.

그리고 80:20의 법칙이라고 해서 꼭 정확히 20%를 확보해야 하는 것은 아니다. 중요한 건 초반에 방향을 잡아 두는 태도다. 3일 중 하루만 집중해도 좋고, 한두 시간만 먼저 시작해보아도 괜찮다. 마감 기한에 몰입하는 것이 아니라, 업무를 받은 초반에 한 걸음 움직이는 게 바로 이 전략의 핵심이다.

의문 3. 초반에 방향을 잡으려면 실력이 있어야 하는 거 아닌가요?

그렇지 않다. 방향을 잡는 건 '완벽한' 기획서를 만들겠다는 게 아니다. 내가 지금 어디쯤에 있는지, 어디로 가고 싶은지를 확인하는 과정일 뿐이다. 예를 들어, 기획서를 처음부터 완성하려 하지 말고 '이 보고서에서 반드시 답해야 할 질문은 뭘까?'와 같은 문장 하나만 적어보자. 또는 유사 사례를 두세 개만 훑어보는 것도 좋다.

이 사소한 움직임만으로도 흐름이 생기고, 다음에 뭘 해야 할지 실마리를 얻게 된다. 실력이 있어서 방향을 잡는 게 아니라, 방향을 그려보다 보면 실력이 붙는 것이다.

특히 잘 모르는 분야나 처음 하는 업무일수록, 초반에 혼자 끙끙대기보다 빠르게 초안을 공유하고 피드백을 받는 것이 훨씬 낫다. 처음 해보는 일일수록 심리적 압박이 크다. 부담감 때문에 계속 미루게 되고, 결국 다른 일에도 영향을 미친다. 그러니 오히려 먼저 시작해서 걱정을 줄이고, 필요한 도움을 받으면서 점점 완성해 나가는 쪽이 더 효율적이다. 완벽하게 하겠다는 생각은 제쳐 두고 먼저 움직이는 것이 심리적 여유도, 결과물의 완성도도 높인다.

의문 4. 디테일이 중요해서 천천히 해야 잘 돼요

디테일을 중요하게 여긴다는 건 강점이다. 완성도를 높이는 데 큰 힘이 된다. 하지만 디테일은 방향이 정해진 후에 붙여나가자. 만약 처음부터 세세하게 다듬으며 완성했는데 나중에 방향이 바뀐다면 일을 두 번 해야 할 수도 있다. 반면 초반에 큰 틀을 잡아두면 그 안에 디테일을 천천히, 그리고 단단하게 채워 넣을 수 있다. 80:20 전략은 일의 디테일에도 도움이 된다. 여유 있게 다듬을 수 있는 시간이 생기기 때문이다.

의문 5. 초안을 공유하면 너무 많은 피드백을 받지는 않을까요?

초안을 공유하는 건 용기가 필요하다. 특히 완벽하게 보여주고 싶은 마음이 클수록 더 그렇다. 하지만 초안일 때 공유하면, 큰 방향을 수정할 기회가 생긴다. 완성된 후에야 "이건 애초에 방향이 다른데?"라는 말을 들으면 마음도 힘들고, 수정도 어렵다.

아무 말없이 있다가 완성본을 가져오는 팀원과, 중간에 방향을 공유하는 팀원 중에 상사가 더 신뢰하는 사람은 누구일까? 거의 대부분의 상사는 중간에 진행 상황을 공유하고, 자신의 생각이 들어갈 여지를 주는 사람에게 더 신뢰를 보낸다. 그건 결과물의 질이 아니라, 과정을 함께 만든다는 감각 때문이다. 함께 만든 프로젝트에는 피드백이 아닌 책임과 애정이 함께 실린다.

과정을 공유하면 사람들은 응원하게 된다. BTS가 월드스타가 된 것도, 단순히 무대에서의 완성된 모습 때문이 아니다. 연습실에서 지쳐 쓰러지던 모습, 데뷔 전 초조했던 마음, 차근차근 성장해 가는 이야기를 팬들과 공유했기 때문이다. 그래서 사람들은 결과보다 과정에 더 감동하고, 함께 걸어온 느낌을 갖게 된다.

업무도 마찬가지다. 완성된 결과만 보여주는 사람보다 과정을 보여주는 사람이 더욱 지지를 받는다. '완성 후에 보여줘야 멋있지 않을까?'하는 생각은 내려놓아도 된다. 지금 이 순간의 흐름, 그걸 함께 나누는 사람이 결국 더 멀리 간다.

⊘ 80:20의 현실적 적용 단계

자! 이제 많은 의문들이 제거되었으니, 실천할 차례다. 아래의 다섯 단계를 기준 삼아, 상황에 맞게 변형하며 적용하길 바란다.

1단계. 전체 일정을 확인하고 초반 몰입 시간 만들기

가장 먼저 할 일은 일정 전체를 보는 것이다. 예를 들어, 15일이 주어진다면 20%는 약 3일이다. 그러나 반드시 3일이 아니어도 된다. 이틀만 해도 되고, 조금 더 시간을 써도 된다. 예를 들어 하루 2시간씩 5로 나누거나, 조용한 시간대에 짧고 강한 몰입 시간을 확보해도 충분하다. 핵심은 초반 몰입 시간을 만드는 것이다.

그리고 가능하다면 초안 공유 및 피드백 일정을 미리 정해둔다. '3일차에는 동료들에게 초안을 공유하자' '4일 차에는 상사의 의견을 들어보자'라는 식의 간단한 타임라인만 있어도 몰입의 목적이 보다 선명해진다.

2단계. 초반에 할 80%의 업무 정의하고, 초안 만들기

업무의 전체 프로세스를 적어본 뒤, 초반에 어디까지 할지 선택한다. 예를 들어 업무순서가 자료 조사, 방향성 정리, 초안 구성, 키 메시지 정하기, 프레젠테이션 슬라이드 만들기, 디자인 업그레이드와 같이 진행된다고 하자. 이중에서 키메시지 결정까지 초반 몰입시간에 완성하겠다고 정하는 것이다. 이 단계에서는 완벽함보다 방향성이 중요하다.

3단계. 몰입 시간을 확보하기

'이 시간엔 이 업무만 본다'라는 마음으로 일정에 고정시켜 놓는다. 이때 중요한 건, 초반에 확보한 몰입 시간을 '마감 기한'처럼 여기는 것이다. 그리고 이 마감 기한을 실제와 같이 절박한 마음으로 임해야 한다.

실제 마감이 며칠 남았든 상관없다. 아직 시간이 많다고 생각하게 되면 초반의 집중력은 쉽게 흔들린다. 그럴 땐 마음 속에서 이렇게 되뇌어 보자. "내 마감은 이번 주 금요일이야. 그때까지 초안을 끝내고, 다음 주엔 보완만 할 거야."

이렇게 내 안의 '1차 마감 기한'을 설정해 두면 마감 직전의 몰입처럼 강하게, 그러나 더 여유 있게 일의 흐름을 설계할 수 있다.

4단계. 피드백 루틴 만들기

중간보고는 평가를 받는 시간이 아니다. 더 좋은 방향을 함께 만들어 나가는 과정이다. "아직 초안입니다. 흐름만 봐주세요." 이 한 마디면 충분하다. 특히 처음 해보는 일이거나 생소한 주제라면,

혼자 끌고 가는 것보다 도움을 받으며 완성하는 편이 낫다.

만약 피드백을 받는 과정에서 상대가 귀찮아 하는 것 같다거나 이런 것 정도는 알아서 해야 하는 것 아닌가 생각이 들어 주저된다면 타이밍과 포인트를 정해 두 번 정도만 공유해도 충분하다. 예를 들어 3일차에 초안 방향을 공유하고, 10일차에 완성 직전 점검을 요청하는 식이다.

그리고 공유할 때는 의견을 받고 싶은 포인트를 집어주는 것이 효과적이다. 나도 원하는 포인트에 대한 의견을 구할 수 있고, 피드백을 하는 상대도 어느 부분을 주요하게 검토해야 하는지에 대한 방향성을 가질 수 있다. "이 흐름이 괜찮은지 한 번만 봐주세요." "이런 활동이 고객들에게 어렵게 와닿지는 않을지 고민이 되는데요, 어때 보이나요?" 이렇게 묻는 방식이다. 피드백을 요청하는 행동은 함께 완성도를 높이기 위한 능동적 선택이다.

5단계. 남은 시간에는 완성도를 높이기

이제부터는 디테일을 채우고 매끄럽게 정리하는 시간이다. 이때는 막연히 잘 마무리하기보다는 보완할 점을 구체적으로 짚어보는 것이 좋다. 예를 들어 그래프 넣기, 설득력을 높이기 위한 해외 사례 찾아보기, 디자인 업그레이드, 문장 다듬기와 같은 것들을 모두 적어본다. 그런 다음 남은 기간 중 언제, 무엇을 할지 정한다.

다음으로 중요한 점은 최종 마감일 기준으로 최소 2~3일 전까지는 작업을 마무리하고, 공유 및 점검 일정을 확보하자. 마지막 2~3일은 예기치 못한 수정, 피드백 반영, 발표 준비 등을 위한 예비 시간이다. 예비 시간이 있을수록 여유가 생기고, 결과물의 질도 자연스럽게 올라간다.

시간관리를 못해 자신이 가진 역량을 다 펼치지 못하는 것은 참 안타까운 일이다. 아이디어도 있고, 실력도 있지만 잘못 세운 계획으로 기회가 사라지고, 마감 직전에만 몰입해서 아쉬운 결과물만 반복적으로 낸다면 너무 속상하지 않을까? 80:20의 법칙은 단지 일을 빨리 끝내기 위한 전략이 아니다. 나의 몰입 타이밍을 스스로 앞당기고, 내가 가진 에너지와 시간을 나에게 유리한 방식으로 쓰기 위한 선택이다.

당신의 능력은 이미 충분하다. 이제는 그 능력이 펼쳐질 수 있는 시간 구조를 설계해보자.

준비부터 마무리까지,
세트로 계획하기

다음 주 수요일 오후 3시에 회의가 있다는 공지를 받았다. 이를 당신은 이를 어떻게 기록하는가?

1번. 달력에 다음주 수요일에 '오후 3시 회의'라고 적는다.

2번. 달력에 다음주 수요일 '오후 3시 회의'라고 적고, 회의 준비를 위한 시간까지 함께 계획한다.

3번. 달력에 다음주 수요일 '오후 3시 회의'라고 적고, 회의 준비를 위한 시간과 회의 후 정리 시간을 함께 계획한다.

강의를 하며 만나는 수강생들에게 이 질문을 했을 때 10명 중 절반이 넘는 사람들이 1번에 손을 들었다. 그리고 두세 명 정도가

2번에 손을 들었다. 3번을 선택한 사람은 거의 없었다.

　이로 미루어 보건대 많은 사람들이 '일정' 중심의 계획에 익숙해져 있다. 우선 약속 또는 회의 일정이나 업무의 마감 기한만을 염두에 둔다. 이런 일정 중심의 계획의 맹점은 그 일정을 위한 준비에 충분한 시간을 확보하지 못한다는 데에 있다. 가령 '다음 주 수요일 오후 3시 회의' 일정만 적어 두었을 경우, 다른 일정은 마치 비어 있는 것처럼 보인다.

월	화	수	목	금
13	14	15 3PM 회의	16	17

　이 회의에 참여하기 위해서는 트렌드 자료와 이전 프로젝트의 성공 및 실패 요인을 준비해야 한다고 해보자. 예상 소요 시간은 서너 시간이다. 그러나 일정만 표시해 두고, 이 회의를 위한 사전 준비 시간을 확보해 두지 않았기 때문에, 기존에 하고 있던 업무를 하느라 '앗! 내일 회의가 있네!'하면서 전날 야근을 하면서 준비하게 될 수 있는 것이다. 게다가 14일 화요일까지 데이터 분석을 해달라는 새로운 업무 요청을 받는다면 수락할 가능성이 크다.

　일정이 바로 다음 주가 아니라, 한두 달 뒤면 이런 현상은 더 심해진다. 한두 달 뒤의 캘린더는 아직 텅텅 비어 있기 때문에, 그때는 시간이 많을 것이라고 생각해서 약속을 쉽게 잡게 된다. 그러나 막상 그때가 되면 지금과 같이 여전히 바빠서, 전혀 준비되지 않은 상태로 해당 일정을 맞이하게 된다.

이런 계획의 오류는 간단하게 바로잡을 수 있다. 본 일정과 함께 준비 일정, 정리 일정을 함께 시각화해 두는 것이다.

	월	화	수	목	금
	13	14	15	16	17
오전 업무 (9시~12시)					
오후 업무 1 (1시~3시)	회의 준비		2PM 회의 자료 다시 읽어보기		
오후 업무 2 (3시~6시)	회의 준비		3PM 회의 & 회의 후 정리		

두세 시간을 한 블럭으로 정하고, 일정과 함께 준비와 마무리 시간을 배분한다. 정확한 계획이라기 보다, '이 일을 하려면 대략적으로 이 정도 시간을 확보해야겠군'이라고 생각하는 것이다.

이렇게 되면, 기존에 하던 일과 새로 생긴 회의 준비에 드는 일의 순서를 미리 조정할 수 있다. 이것이 급한 일만 처리하며 허덕이지 않게 되는 비결이기도 하다. 또한 이렇게 시각화하면, 새로운 일이 생겨도 업무 처리 일정을 현실적으로 가늠할 수 있게 된다.

특히나 한두 달 이후의 일정일 때는 더욱 그러하다. 나의 경우에는 2~3개월 이후의 강의 일정이 잡히는 경우가 많은데, 이때 준비와 마무리 시간을 동시에 계획해 둔다. 그렇지않고 일정만 정하면, '아직 널널하군!'하면서 굵직한 프로젝트 준비가 겹쳐버리는 낭패가 생겨버릴 수 있기 때문이다.

⊘ 마무리 시간은 바로 이어서!

여기에서 중요한 차별점 한 가지는 '마무리 시간'을 함께 계획하는 것이다. 회의에 대한 준비 업무는 알겠는데, 회의 후 마무리 시간에는 무엇을 하는 것일까? 회의 결정사항 정리, 회의 후 해야 하는 일, 일정 정리, 인사이트 기록, 관련자들에게 공유하는 것 등이다. 바쁠수록 이런 것들은 중요하지 않은 것으로 여겨지거나, 나중으로 밀릴 수 있다. 그러나 일을 하면서 성장하고 싶다면 마무리 시간을 일정과 함께 '세트'처럼 생각해야 한다.

회의 직후 바로 다른 일정으로 넘어가거나, 동료들과 커피 한 잔을 마시면서 회의 내용이 흐릿해진 경험이 있을 것이다. 아니면, 나중에 정리한다고 생각하고 다른 일로 바로 넘어가서 뭔가를 빠뜨리는 경우도 흔하다.

그러나 이렇게 곧바로 정리 시간을 가지면 업무의 완결성을 더욱 높일 수 있다. 게다가 사실에 대한 정리뿐만 아니라 느낀 점을 생생한 상태에서 정리하게 되니, 이어지는 업무에 대해 생각하는 기회를 가지게 된다. 이는 단순히 정리를 넘어, 성장으로 이어지는 기회를 제공한다.

나의 경우 강의 후에 차로 돌아와 30분간 마무리 시간을 가진다. 오늘 강의에서 좋았던 점과 아쉬웠던 점, 기억해야 할 부분, 다음 강의 진행에 적용할 점을 간단히 메모한다. 그리고 블로그에 간단히 오늘 강의 기록을 남긴다.

이를 통해 매 강의에서 작은 교훈 하나씩 얻으며 성장하고 있다. 강의 주제는 비슷해도 한 번도 동일한 강의를 한 적은 없다. 매번 조금씩 달라질 점을 적용하기 때문이다. 또한 강의 직후 블로그, SNS에 강의 기록을 남기니 따로 시간을 내어 홍보하지 않아도

	월	화	수	목	금
	13	14	15	16	17
오전 업무 (9시~12시)	강의 자료 제작			10~12시 강의 전 준비	
오후 업무 1 (1시~3시)	강의 자료 제작			이동 및 휴식	
오후 업무 2 (3시~6시)				3~5시 강의 & 차에서 정리	

된다. 가장 기억이 생생할 때의 30분 투자로, 다음 강의 기획시간 30분 그리고 블로그 홍보 콘텐츠 작성 30분을 줄일 수 있다. 바로 이어지는 30분 투자로, 다음 일정을 위한 1시간 이상을 절약하게 되는 셈이다.

마무리 시간에 일반적으로 적용할 수 있는 체크리스트다. 짧게 적어도 좋다. 중요한 것은 기억이 가장 생생할 때, 지금 이 순간을 돌아보고 다음으로 연결되는 실마리를 남기는 것이다. 이것이 시간을 절약하면서 일적으로도 성장하는 비법이다.

☑ 오늘의 핵심 결정사항은?   ☑ 좋았던 점과 아쉬운 점은?
☑ 다음에 적용할 점은?   ☑ 기억에 남는 대화 / 느낌은?
☑ 누군가에게 공유할 내용은?

앞으로 새로 생기는 일정은 업무 준비 시간+본 일정+마무리 시간을 세트로 계획하고, 이를 시각화해야 한다. 이를 통해 다음과 같은 변화를 만들 수 있다.

첫째, 자신이 활용할 수 있는 시간이 얼마나 있는지 직관적으로 인지할 수 있다. 이를 통해 마감 직전까지 몰아 붙이며 일하던 패턴에서 벗어나, 여유 있는 준비와 체계적인 실행이 가능해 진다.

둘째, 중요한 업무와 사소한 일의 우선순위를 조정할 수 있어,

에너지 소모를 줄이고 집중력을 높일 수 있다.

셋째, 회의나 강의 또는 프로젝트 등 각 업무를 단발성으로 끝내지 않고 피드백과 정리를 통해 다음 업무로 이어지는 학습 루틴을 만들 수 있다.

아래는 적용할 만한 몇 가지 예시다. 일정을 쓰는 방식만 바꿔도 변화가 시작될 수 있다.

- **회의가 있을 때:** 회의 준비(업무에 따라 시간 배정) +회의 전 사전 검토 (30분)+ 회의+회의 후 정리(20분)
- **강의 제안을 받았을 때:** 강의 준비 및 슬라이드 제작 (3시간) + 강의 진행 + 강의 후 셀프 피드백 및 정리(30분)
- **상사와 면담이 있을 때:** 면담에서 할 말과 질문 정리 (30분) + 면담 + 면담 후 정리(30분)
- **팝업 스토어 프로젝트가 예정되어 있을 때:** 팝업 스토어 진행 준비 + 팝업 스토어 진행 + 정리 (마무리 당일 또는 다음 날 오전)

협조를 이끌어내는 것도
능력이다

업무는 혼자 하는 일이 아니다. 누군가의 협조를 받아야 나도 일을 할 수 있는 경우가 많다. 다른 부서에서 자료를 받아야 내 일을 진행할 수 있다거나, 동료들이 자료를 줘야 내가 취합해서 다음 업무를 진행할 수 있는 일은 매우 흔하다. 그런데 이게 순조롭게 흘러가는 것이 생각보다 쉽지 않다. 요청한 자료가 제때 오지 않고 피드백은 기한을 넘겨서 도착하며, 결국 그 여파로 내가 마감을 맞추지 못하는 일도 발생한다. 그럴 때마다 왜 그들은 약속을 안 지켜서 내 일정을 꼬이게 하는지 원망스럽기도 하다.

그러나 상대가 약속한대로 업무에 협조하게 만드는 것도 내가 하기 나름이라면? 만약 옆 자리 동료는 뭔가 원활하게 일이 진행하는 것 같다고 느껴진다면, 그는 내가 하지 않고 있는 물밑 작업에

능한 것이다. 그 물밑 작업이란, 상대에게 업무를 요청하는 방식을 달리하는 것이다. 그렇다면 어떻게 상대의 협조를 자연스럽게 이끌어낼 수 있을까? 늘 일정을 지키고, 결과를 만들어내는 사람들은 이 다섯 가지 방법을 이미 실천하고 있다.

⊘ 첫째, 업무의 전체를 공유하기

처음 업무를 부탁할 때, 상대에게 원하는 부분만 이야기하기보다는 그 업무의 전체에 대해 설명하자. 왜 필요하고 어디에 쓰이며, 얼마나 중요한지 알려주는 것이다. 그러면 상대는 전체 업무 흐름에서 자신이 어떤 역할을 해야 하는지 그림을 그릴 수 있다.

당신이 다음과 같은 두 개의 메일을 받았다면, 어떤 사람에게 더 협조를 해 주고 싶은가? 당연히 After일 것이다. Before에는 없는데 After에는 있는 게 무엇인지 확인해 보자.

Before

메일 제목: [협조 요청] 2024년 2분기 판매·트렌드 통계자료 요청
(6/12 수요일까지)

메일 본문:

안녕하세요, ○○팀 ○○○입니다.

다름 아니라 **2024년 2분기 판매 수치 및 주간별 트렌드 관련 통계자료 요청** 드리고자 메일 드립니다. 가능하시면 수요일까지 부탁드릴게요. 가능 여부 회신 부탁드립니다.

감사합니다.
○○팀 ○○○ 드림

After

메일 제목: [협조 요청] 2024년 2분기 판매·트렌드 통계자료 요청 (6/12 수요일까지)

메일 본문:

안녕하세요, ○○팀 ○○○입니다.

다름 아니라 **2024년 2분기 판매 수치 및 주간별 트렌드 관련 통계자료 요청** 드리고자 메일 드립니다.
해당 자료는 현재 진행 중인 '신제품 출시 전략 보고서'에 포함될 내용으로, **CEO 주재 전략 회의**에 직접 보고될 예정입니다. 특히, 귀 팀의 자료는 이번 프로젝트의 **핵심 판단 근거**로 활용될 예정입니다.

6월 12일 수요일까지 자료를 주시면, **6월 13일(목)부터** 본격적인 보고서 작성에 착수하여, 다음 주 월요일에 회의 진행 예정입니다. 이에 따라, 6월 12일(수)까지 자료 전달이 가능하신지 문의드립니다.

필요하신 경우, 작성하실 수 있도록 간단한 **포맷 예시**도 함께 공유드릴 수 있습니다. 자료 관련하여 궁금하신 점이나 전달 방식에 대한 제안이 있으시면 언제든 편하게 말씀 주세요.

감사합니다.
○○팀 ○○○ 드림

1. 요청 배경과 맥락 설명

After 메일에는 'CEO 주재 전략 회의' '신제품 출시 전략 보고서' 등의 요청의 이유와 중요도가 구체적으로 언급되어 있다. 이를 통해 수신자는 이 자료가 왜 필요하고 어디에 쓰일지를 명확히 이해할 수 있다. 이에 자연스럽게 '이건 우선적으로 처리해야겠군'이라는 판단을 하게 된다. 빠른 처리를 부탁한다고 굳이 따로 언급하지 않아도 상대가 스스로 우선순위를 높게 매길 수 있다. 만약 수신자가 부득이하게 일정을 맞추지 못하게 되더라도, 조율을 위해 미리 연락할 수도 있을 것이다.

2. 전체 일정 흐름 제시

After 메일에는 수요일까지 주면 목요일부터 작성해 금요일에 보고할 예정이라는 전체 일정 흐름이 명확하게 설명되어 있다. 이런 설명은 수신자에게 왜 수요일까지 필요한지를 이해시키고, 자신의 업무 일정과 조율할 수 있게 돕는다. 자신이 마감 기한을 지키지 않으면, 상대 부서의 업무에도 차질이 생길 수 있다는 것을 파악할 수 있게 된다. 전체의 일정 흐름을 알려주는 것은 자신이 부속품과 같은 역할이 아니라 전체의 흐름 안에 함께하고 있다는 것을 일깨우며 설득하는 방식이다.

⊘ 둘째, 템플릿이나 자료를 제공하기

상대가 맨땅에서 시작하지 않도록 돕는 것만으로도 더 쉽게 협조를 구할 수 있다. 위 메일에서도 '필요하신 경우, 작성하실 수 있도록 간단한 포맷 예시도 함께 공유드릴 수 있습니다.'라는 문장을 넣어서 상대의 부담을 덜어주었다.

특히 예시 자료나 템플릿은 그 자체로 훌륭한 설명서가 된다. '이 양식에 맞춰 주시면 됩니다.' '작년 자료 참고하실 수 있게 같이 보내드려요.' 와 같이 참고할 수 있는 예시를 제안하자. 글로 장황하게 설명하는 것 보다, 직접 보여주는 방식이 훨씬 명확하고 효과적이다. 보는 것만으로도 상대는 자신이 무엇을 해야하는지를 더 빠르게 이해할 수 있다. 상대를 빠르게 협업 모드에 들어가게 하려면, 상대의 스트레스를 낮춰주는 데에 집중하자.

⊘ 셋째, 마감일을 하루 이틀 당겨서 공지하기

상대가 약속을 지키지 못할 상황에 대비해야 한다. 이런 경우는 흔하니까 말이다. 진짜 마감 기한이 금요일까지라면, 상대에게 하루나 이틀을 당겨 수요일이나 목요일까지로 마감 기한을 요청하자. 상대의 행동은 내가 통제할 수 없으므로, 상대가 마감 기한을 넘겨도 대응할 수 있는 시간을 벌어야 한다. 이는 중요한 리스크 관리 능력이다.

⊘ 넷째, 미리 알림 하기

누구나 바쁘다. 잊을 수 있다. 하루 이틀 전 친절하게 리마인드하는 것만으로도 마감이 지켜질 확률이 높아진다. 단, 상대가 쫓기는 마음이 들지 않도록 알림의 방식도 중요하다. 압박이 아닌 배려로 느껴지도록 하기 위해서는 "저도 일정 정리 중인데, 확인차 리마인드 드립니다." "혹시 진행 중 어려운 부분이 있으면 말씀 주세요." "일정 조율이 필요하시면 알려주세요."와 같은 문장을 덧붙이면 훨씬 부드럽다.

하루 이틀 전에 정중하고 가벼운 알림을 받으면 '아, 맞다. 이거 먼저 해줘야지'하는 생각이 들게 된다. 자연스럽게 당신의 요청이 다른 요청보다 우선순위에 올라간다. 특히 여러 업무를 동시에 진행하는 상황에서는 최근에 다시 언급된 요청이 먼저 처리될 확률이 높다. 이런 작은 물밑 작업이 협조를 잘 이끌어내는 사람의 큰 차이를 만든다.

⊘ 다섯째, 필요하다면 상사의 도움을 받기

업무를 요청했지만, 상황이 잘 풀리지 않을 때도 있다. 그럴 때는 혼자 끌어안고 해결하려 하기보다는 상사에게 도움을 요청하는 것도 필요하다. 예를 들어, "A부서 ○○님께 요청을 드렸는데 아직 응답이 없어, 일정에 차질이 우려됩니다. 혹시 함께 이야기해주실 수 있을까요?"처럼 상황을 사실 위주로 설명하고, 구체적인 도움을 요청하는 것이 좋다.

이런 요청은 실력이 없어서도 아니고, 고자질을 하는 것도 아니기 때문에 망설일 필요가 없다. 특히, 프로젝트나 대외 보고처럼 중요한 업무일수록 한 사람의 이름이 아닌 부서, 조직의 차원에서 협조를 이끌어내야 할 필요성도 있기 때문이다.

따라서 혼자 모든 것을 끌고 나가는 것이 능력이 아니다. 언제 어떻게, 어떤 방식으로 상사의 개입을 요청할 것인지 판단하는 것 자체가 진정한 실력이다.

협조를 잘 이끌어내는 것은 타고난 성격의 문제가 아니다. 일을 설계하는 방식, 요청하는 태도, 흐름을 설명하는 범위에 따라 같은 요청도 전혀 다른 결과를 만들어 낸다. 누군가는 "바빠서 안 돼요."라는 답을 듣고, 누군가는 "네, 일정에 맞춰서 드릴게요."라는 반응을 이끌어낸다.

이렇게 협조를 이끌어내는 실력은 연습하는 것으로 충분히 키울 수 있다. 당신이 직접 수행하는 업무 능력뿐만 아니라, 상대가 당신을 돕게 하는 능력도 함께 키워나가길 바란다. 그런 협력 속에서 더 많은 일을 더 매끄럽게 해낼 수 있기를.

몰입의 3단계

책상에 앉아 있어도 집중이 잘 되지 않는 날은 괴롭기만하다. 차라리 그 시간에 노는 게 낫겠다 싶지만, 숙제가 밀린 마음으로는 나가서 놀기도 쉽지는 않다. 이런 날이 어쩌다 하루가 아니라 며칠이 이어지면 일도 공부도 재미가 없어지고, 오래 지속되면 급기야는 삶이 지루해지기까지 한다.

나 또한 종종 집중이 되지 않아 괴롭다. 할 일은 많은데 집중이 되지 않으니 스트레스만 쌓이고 일상의 재미가 떨어졌다. 그래서 함께 집중하기 위해 사람들을 모았다. 집중의 상태로 들어가는 것이 '개인의 의지'로는 도저히 힘들어서 서로를 감시하고 독려할 외부 환경을 만들기로 한 것이다.

결과는 놀라웠다. 산만함 속에서 괴로워했던 몇 주가 무색하게,

엄청난 집중을 할 수 있었다. 집중이 필요한 사람들이 함께 모여 분위기를 조성해 핸드폰을 수거하고, 시간당 목표 설정을 하는 등 몇 가지 단계를 함께 하는 것만으로도 우리의 집중력은 놀랍게 향상되었다. 어느 순간부터는 시간 가는 것을 느낄 수 없을 정도였다. 밀도 높은 시간을 반복해서 보내다 보니, 집중의 장점을 고스란히 느낄 수 있었다.

⊘ 차원이 다른 결과물이 가능하다

같은 1시간이라고 해도 중간에 맥이 끊어지는 1시간 동안 파고 들어갈 수 있는 생각의 깊이와 온전히 1시간 동안 파고 들어간 생각의 깊이는 같을 수가 없다. 집중력이 끊어지고 다시 집중하게 되는 사이에 에너지가 사용되기 때문이다. 이것이 '전환 비용'이다. 실제로 돈을 내는 건 아니지만, 일이 바뀔 때마다 또는 다시 집중을 시도할 때마다 에너지가 쓰이는 것이다. 그러니 같은 사람임에도 얼마나 오랜 시간 동안 집중을 유지할 수 있었는지에 따라 성과가 갈린다.

몰입 세션에 참여한 사람들의 공통적인 메시지다. "와! 이렇게 집중하니 몇 개월 동안 못하던 일을 하루 만에 끝냈네요. 성과물도 생각 이상으로 잘 정리되었어요!" "집중하니 산만할 때는 할 수 없었던 깊은 생각들로 이어져요."

무라카미 하루키는 평소 하루에 3시간에서 4시간 정도 아침에 집중해서 글을 쓰는 루틴을 가지고 있다. 그는『달리기를 말할 때 내가 하고 싶은 이야기』에서 집중력에 대해 이렇게 말했다.

자신이 지닌 한정된 양의 재능을 필요한 한 곳에 집약해서 쏟아붓는 능력, 그것이 없으면 중요한 일은 아무것도 달성할 수 없다. 그리고 이 힘을 유효하게 쓰면 재능의 부족이나 쏠림 현상을 어느 정도 보완할 수 있다.

겸손한 하루키의 말처럼 집중은 재능의 부족을 보완할 수 있도록 도와준다. 더 나아가서는 내가 가진 능력의 최대치를 끌어낼 수도 있다. 집중력이 떨어진 다는 것만으로도 내 안의 능력을 다 꺼내 보일 수 없다면 얼마나 안타까운 일인가? 집중을 통해 우리는 나의 최대치를 끌어낼 수 있고, 반복된 집중을 통해 그 한계는 계속 단련되며 확장되어 갈 수 있다.

⊘ 과정이 즐거워진다

결과물만 좋아지는 것이 아니다. 밀도 높은 시간 자체가 주는 즐거움이 있다. 사실, 몰두하고 있는 중에는 시간이 가는지도 모르기 때문에, 그 상태에서 빠져나오고 나서야 느끼게 된다. 만족감, 홀가분 같은 것이다. 반면, 집중이 되지 않으면 그 시간을 보내는 것 자체가 괴롭다. 그 시간이 끝나고 나서도 마찬가지다. 찝찝함, 그런 것이 남는다.

과정을 즐기라는 말은 참 막연하게 느껴지기도 한다. '아니, 누구는 즐기고 싶지 않아서 안 즐기는 건가?'하는 반항심이 들 때도 있다. 나 역시 그런 생각을 하던 때가 있었다. 그러던 중 집중을 하는 시간을 통해 그 방법을 찾았다. 밀도 높은 시간을 보내는 동안 과정을 즐기고 있다는 느낌을 받게 된 것이다.

원하는 결과를 위해 현재를 희생하고 즐거움을 참고 있다는 생각이 사라졌다. 원하는 결과의 성패와 관계없이, 과정을 충실히 보내고 있다는 생각 자체가 기분 좋게 느껴졌다. 스스로 최선을 다하고 있다, 나는 좋은 방향으로 가고 있다는 생각이 들면서 스스로가 기특해지기까지 했다. 어쩌면 나를 사랑하고 내 일을 좋아하는 빠른 길은 얼마나 깊이, 얼마나 자주 집중의 상태를 만들 수 있는가에 달린 것은 아닐까?

⊘ 일상을 즐길 여유가 생긴다

국어사전에서 '홀가분하다'의 뜻을 찾아보면 '거추장스럽지 아니하고 가볍고 편안하다.'라는 의미다. 집중으로 인한 가장 달콤한 보상은 바로 이 홀가분함이다. 당신은 언제 마지막으로 홀가분함을 느꼈는가?

우리가 쉬어도 쉬는 것 같지 않은 이유는 이런 홀가분함을 자주 느끼지 못해서가 아닐까? 오늘 다 못하고 온 일이 퇴근하고도 계속 생각나고, 주말에 놀고 있어도 마음 한 켠에 '아, 내가 지금 이러고 있을 때가 아닌데…'라고 생각하고 있지는 않은가? 무언가에 붙잡혀 무겁고 편안하지 않은 상태로 쉬고 있는 것은 아닐까?

하루 동안의 몰입 세션을 끝낸 사람들에게 이후 시간을 어떻게 보낼 계획인지 질문하곤 한다. 그러면 사람들은 밝은 얼굴로 이렇게 대답한다. "오늘 할 일을 다 했으니, 편안하게 영화 한 편 보려고요!" "한강 공원 가서 시원하게 맥주 한 잔 하려구요!" "오늘 할 수 있는 만큼 다 했으니, 오늘은 일단 끝이에요! 텔레비전 보면서 푹 쉬려고요!" 온전히 몰입한 사람들은 어떤 것에도 얽매여 있지 않다. 오늘의 집중을 서로 도운 전우들과 안녕을 외치며, 각자 가벼운 발걸음으로 나선다.

이 글을 만난 모든 독자들이 홀가분해지는 기분을 느낄 수 있기를 바라면서, 몰입 세션의 프로세스에 대해 상세히 공개한다. 10번이면 10번 모두 몰입에 성공하게 만든 방법이다.

⊘ 몰입의 3단계

소설가 장강명은 『소설가라는 이상한 직업』이란 책에서 '몰입'의 상태에 대해 이렇게 말했다.

몰입은 상태이기도 하고, 행위이기도 하다.

나는 이 문구가 '몰입'이라는 상태를 기가 막히게 잘 표현했다고 생각한다. 세상의 많은 것들이 순간 이동을 하는 것처럼 어떤 상태에 바로 도달할 수가 없다. '과정'을 거쳐야만 한다.

예를 들어, 물은 온도가 낮아지는 과정을 통해 얼음의 상태에 도달할 수 있고, 온도가 높아지는 과정을 통해 기체가 될 수 있다. 몰입 또한 마찬가지다. 일상의 상태에서 몰입으로 도달하려면, 어떤 과정을 통과해야 한다. '나 이제부터 집중할 거야. 3,2,1,0!' 이렇게 결심한다고 해서 갑자기 순간 이동을 한 것처럼 집중이 되는 것이 아니다.

우리에겐 몰입이란 결과값을 만들기 위한 과정이 필요하다. 나는 이것을 '몰입으로의 통로'라고 부른다. 이 통로를 통해 몰입의 상태에 도달하고, 몰입 후에는 긴장을 해소할 시간을 갖고, 다시 몰입할 수 있는 상태를 만들어 준다. 이것이 몰입의 3단계다.

아래의 표는 50분 동안 집중을 위한 3단계 사이클이다. 이를 필요한 만큼 반복하면 된다.

1단계. 몰입으로 가는 통로 열어주기	
환경 설정하기	5분
목표 설정하기	5분
심호흡하며 이미지 트레이닝 하기	5분
2단계. 몰입의 시간	50분 (또는 30분)
3단계. 긴장 해소하기	
몰입 시간에 대한 셀프 피드백	5분
휴식시간	10분

⊘ 1단계. 몰입으로 가는 통로 열어주기

몰입의 3단계 중에 가장 중요한 단계다. 이 단계를 통해 빠르고 깊은 몰입이 가능하기 때문이다. 1단계에서 세 가지 과정을 거치며 일상 생활에서 집중의 상태로 점점 빠져들게 된다.

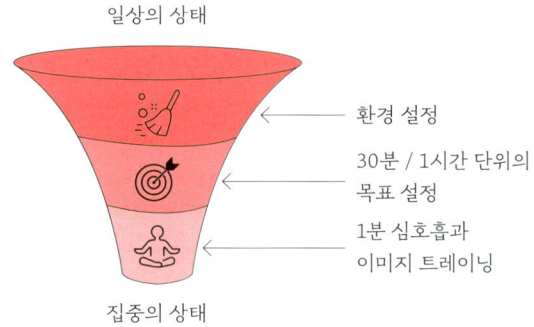

집중으로 가는 통로

일상의 상태

환경 설정

30분 / 1시간 단위의
목표 설정

1분 심호흡과
이미지 트레이닝

집중의 상태

몰입을 여는 통로 1. 환경설정

멀쩡한 집 두고 독서실, 카페, 도서관에 가는 이유가 있다. 집보다 그곳에서 훨씬 집중이 잘 된다고 느끼기 때문이다. 이렇게 집중이 잘 될 수 있는 환경을 만들어 주는 것이 중요하다. 집중을 위한 환경 설정에는 두 가지가 있다. 집중이 잘 될 수 있도록 돕는 것을 더하고, 집중을 방해하는 것을 빼는 것이다. 두 가지에 대한 사전 세팅이 필요하다. 간단히 아래의 표로 정리해 둔다.

(+) 집중을 돕는 것을 더하기	(−) 집중을 방해하는 것을 빼기
방해받지 않는 공간 편안한 온도, 공기질, 조용함 정도 (노이즈 캔슬링 이어폰, 무릎담요, 환기 등) 타이머 종이와 펜	핸드폰 와이파이 메신저 가족/친구들의 요청 – 집중 모드에 들어감을 미리 알리기

몰입을 여는 통로 2. 집중 시간과 목표를 정하기

하루 동안 내내 집중해서 일을 마치겠다고 계획했는가? 이렇게만 생각하고 바로 집중의 상태로 들어가려 하면, 장담컨대 그날은 망할 확률이 90% 이상이다.

우리는 기계가 아니기 때문에, 하루 종일 집중의 상태를 유지할 수는 없다. 따라서 우선은 한 번에 집중할 시간을 미리 정해야 한다. 주로 25분이나 50분을 추천하는데, 이는 25분 집중하고 5분 쉬거나, 50분 집중하고 10분을 쉬는 뽀모도로 법칙이기도 하다. 그날의 컨디션, 또는 일에 따라 한 사이클을 25분이나 50분으로 선택하면 된다.

하루 종일 시간이 있다면, 이 시간을 쪼개서 더 한정적으로 느껴지도록 만들자. '하루 종일 집중해야지!'라고 생각하면 시간이 많이 있는 것처럼 느껴지지만, '50분 동안 집중해야지!'라고 생각하면 마감 기한이 피부로 느껴지기 때문에 집중력이 높아진다. 마감이 다 되었을 때 집중력이 높아지는 '데드라인 효과'를 스스로 만드는 것이다.

한 사이클에 몇 분을 집중할 것인지 정했으니, 그 시간 동안 얼마큼의 일을 할지 목표를 세울 수 있게 되었다. 그리고 나서 오늘 하루 종일 해야 할 일 중에 우선 30분이나 50분 동안 얼마나 할 것인지 정해야 한다.

계획을 세울 때는 육하원칙에 따르면 명확해진다는 것을 이 책에서 여러 번 언급했다. 지금도 육하원칙을 적용할 때다. 특히, 육하원칙 중에서도 무엇을 얼마나 할 것인지는 반드시 포함시키자. 내가 무엇을 위해 정진하고 있는지가 명확해질 수록 집중에 도움이 된다.

Bad	Good
50분: 영어공부 (X)	50분: (무엇을) 리스닝 파트 오답 다시 보기 + (얼마나) 3회차 분량
글쓰기 (X)	50분: (무엇을) 목차 (얼마나) 완성하기

이런 방식으로 오늘 전체의 사이클을 모두 계획할 수도 있다. 막연하게 하루 안에 끝낼 수 있는 양이라고 짐작하는 게 아니라 정말 이것이 하루에 끝낼 수 있는 양인지, 그렇다면 대략 몇 시간이 걸릴지 가늠해볼 수 있다. 물론 이것도 각 사이클이 끝날 때 점검을 하면서 계속 수정할 수 있기 때문에 대략적으로 진도를 가늠해 본다는 생각을 가지면 된다. 처음의 나의 계획과 실제의 격차를 알아나가는 것도 도움이 될 것이다.

> 오늘의 목표: 기획안 완성하기
>
> 1사이클: 자료 조사 및 정리
> 2사이클: 초안 세우기
> 3사이클: 기획안 살 붙이기
> 4사이클: 기획안 검토 및 수정

집중을 여는 통로 3. 심호흡하며 이미지 트레이닝 하기

이제 준비가 되었다면 나를 차분하게 만드는 상태로 만들 것이다. 본격적으로 들어가기 전에, 타이머를 세팅하자. 30분이든 50분이든 집중하기로 마음먹은 시간만큼 타이머를 맞춘다. 모든 준비가 끝났다.

그리고 이제 1분만 눈을 감고 심호흡을 해 보자. 잠시 불을 꺼도 좋다. 천천히 들이마시고, 천천히 내쉬고, 다시 한번 천천히 들이 마시고, 천천히 쉬어보자. 심호흡을 다섯 번 정도 하는 것만으로도 정신이 차분해지는 것을 느낄 수 있다. 다양한 방면으로 뻗어져 있던 나의 촉수들이 천천히 가라 앉아 내 안으로 향하는 느낌을 받을 수 있다.

심호흡이 집중에 도움이 된다는 과학적 증거는 무수히 많다. 늘 쉬고 있지만 쉬는지도 모르는 숨이 아니라, 조금은 의식적으로 내 안으로 집중하는 시간을 30초만 가지는 것이다.

숨을 10번 정도 의식적으로 쉬어 보면 신기하게도 30초 전의 나와는 다른 내가 된다. 확실히 몰입의 통로로 들어섰다는 느낌을 받을 수 있다. 그러면 이제 그 통로로 한 걸음 더 들어가 보자. 눈을 뜨자마자 무엇을 할지를 그려보자.

책을 펴서 첫 줄을 읽기 시작하는 내 모습, 워드를 켜서 생각나는 문장부터 적기 시작하는 내 모습, 문제집을 펴서 1번부터 풀기 시작하는 내 모습, 써 놓은 기획안을 다시 읽어보는 내 모습. 무엇이든 좋다. 눈을 뜨자마자 바로 시작할 그 모습을 상상한다. 20초 정도면 충분하다.

그리고 나머지 10초는 다시 심호흡에 집중한 뒤 눈을 천천히 떠보자. 그리고 상상한 것처럼 곧바로 첫 번째 행동을 시작하자.

⊘ 2단계. 몰입의 시간

조금 전 이미지트레이닝에서 상상한 대로 첫 행동을 시작한다. 조금 전 머릿속으로 이미 했던 행동이니 마음의 거부감이 들지 않는다. '하고 싶지 않다' '귀찮다' 이런 생각은 끼어들 틈이 없다. 그저 내가 생각한 그대로 행동하고 있게 될 것이다. 그러면서 나도 모르는 사이에, 집중의 통로를 지나 몰입의 상태에 도달한다. 몰입의 시간은 흐르고 어느 순간 타이머가 정해진 몰입 시간이 끝났음을 알릴 것이다. 아주 오랜만에 제대로 된 집중을 경험한 당신은 '벌써 시간이 이렇게 흘렀다고?'하면서 즐거운 놀라움을 경험할 것이다.

집중을 할 때에는 타이머를 반드시 사용하는 편이다. 타이머는 어떤 형태이든 좋은데, 나는 다양한 형태의 타이머를 기분이나 상황에 따라 골라서 사용한다.

- 타이머 기능만을 갖춘 물리적 타이머: 구글 타이머, 디지털 숫자 타이머 등
- 타이머 기능을 가진 핸드폰 앱: 시계앱의 타이머, Forest 와 같은 집중을 도와주는 타이머 등
- 유튜브 타이머: 유튜브에서 검색해서 나오는 영상을 이용한 타이머 등

어떤 상황에서라도 집중을 하고자 할 때는 타이머와 함께 하는 두 가지 이유가 있다.

첫째, 풀리지 않는 문제에 직면하도록 도와준다. 집중이 잘 되다가도 어느 순간 집중력이 흔들린다. 게다가 여러 사이클을 반복하다 보면 체력이 떨어지면서 집중력이 흐려진다. 이런 순간, 타이

머가 없으면 나도 모르게 엉덩이를 떼게 된다. 엉덩이를 의자에서 떼는 순간 몰입은 깨지고 다시 그 상태로 들어가기 어렵게 된다. 이럴 때 타이머가 있으면 '아직 50분이 되지 않았군. 50분이 될 때까지만이라도 집중해보자'라고 스스로를 다독이며, 다시 집중의 상태로 들어가는 노력을 할 수 있다.

우리가 어떤 일을 제대로 하려고 할 때 앉은 자리에서 벗어나지 않는 것은 중요하다. 글이 잘 안 풀리고 개념이 이해가 가지 않고 문제도 풀리지 않고, 기획서의 아이디어가 떠오르지 않는 순간 우리는 그 상황에서 벗어나고 싶은 충동을 느끼게 된다. 그러나 타이머가 있다면 '아직은 앉아 있을 시간'이라며 어려운 상황에 직면하게 해준다.

유명한 수학 일타강사 정승제는 〈유 퀴즈 온 더 블럭〉에 나와서 이런 말을 했다. 문제가 풀리지 않으면 바로 해답지를 보는데, 그러면 수학이 늘 수가 없다는 것이다. 비단 이것은 중고등학생의 수학 문제 풀이에만 해당하는 것일까?

문제가 풀리지 않을 때 잠시 일어나서 커피 한 잔을 하고 싶지만, 유혹을 꾹 참고 다시 타이머가 울리기 전 까지는 집중을 하려고 노력한다. 이렇게 어려운 부분에 직면해서 어떻게 해서든 붙잡고 씨름하다 보면 그 문제가 풀리는 경우가 많이 있었다. 풀리지 않던 수학문제가 갑자기 풀리기도 하고, 써지지 않던 보고서의 실마리를 찾게 되면서 어느새 마무리가 되었다.

인생의 다양한 문제들은 회피하지 않고 직면할 때 더 나은 국면으로 흘러간다. 부부싸움을 할 때도 마찬가지고, 회사에서 타 부서와의 껄끄러운 문제를 대할 때에도 마찬가지다. 타이머의 필요성을 논하는 것 치고는 거창하지만, 우리의 크고 작은 성취들은 모두 직면하고, 버티는 작은 순간이 쌓여 만들어진다.

문제에 직면하고, 고민하고, 버티면서 스스로 답을 찾아내는 힘이 필요하다. 그런 힘은 어떻게 기를 수 있는 걸까? 결국, 오늘 내가 하는 작은 일의 어려움을 회피하지 않는 것 부터 시작되는 게 아닐까? 타이머를 활용하면 적어도 50분간은 어려움에 직면할 수 있게 도와준다.

둘째, 집중이 깊어질 때 페이스 조절을 할 수 있다. 집중력이 한창 높아질 때가 있다. 물론 좋은 현상이다. 하루에 두세 시간 정도의 집중 시간을 계획했다면, 깊어지는 상태로 두어도 괜찮다. 그러나, 더 길게 집중의 상태를 유지해야 하는 사람은 페이스를 잘 조절할 필요하다.

집중이 잘 되는 상태라고 해서 무조건 끝까지 밀어붙이는 것이 능사는 아니다. 지금 잘 된다고 무리하면, 내일은 아무 것도 못 할 수 있다는 점을 기억해야 한다. 오늘 하루 종일 해야 할 분량이 있거나, 집중해서 해야 하는 일이나 공부가 한 주에서 몇 달 동안 이어질 때는 더욱 그렇다.

어니스트 헤밍웨이는 한 잡지와의 인터뷰에서 하루에 얼마나 글을 쓰는지에 대한 질문에 글을 계속 쓰기 위해 에너지를 남겨둔다며 다음과 같이 답했다.

가장 좋은 시간은 아침 일찍입니다. 하루에 쓸 수 있는 만큼만 쓰고, 다음 날에도 계속할 수 있도록 항상 멈출 곳을 알고 있습니다. 집중력이 남아 있을 때도 일을 멈춥니다. 그래야 다음 날에도 신선한 마음으로 다시 시작할 수 있습니다.

무라카미 하루키 또한 하루의 목표 집필 분량을 200자 원고자 20매로 정하고, 글이 잘 써져도 더 쓰지 않고 써지지 않아도 덜 쓰지 않는다고 한다. 만약 하루키가 지속성을 추구하는 삶이 아니라 순간에 몰아 붙이는 스타일이었다면 지금과 같은 소설들은 없었을지도 모른다.

되는 대로 집중하는 것이 아니라, 집중의 흐름을 내가 관리한다는 자신감을 가져도 좋다. 타이머를 사용하는 것은 단순히 시간을 재는 것을 넘어 스스로에게 속도를 조절할 수 있는 권한을 준다는 의미다. 중요한 것은 '지속가능한 집중'이다. 일정한 시간동안 집중하고, 잠시 쉬었다가 다시 몰입하는 리듬을 익히자. 이 리듬에 점점 익숙해질수록 한 번의 집중이 하루와 한 주 그리고 한 달의 몰입으로 확장될 수 있다.

⊘ 3단계. 긴장 해소하기

타이머가 울리면 이제 휴식시간이다. 휴식을 취하기 전에 잠시 이번 집중 사이클에 대해 정리하는 시간을 가져보자. 3분 이내로 가능하다. 50분 동안 계획한 양 대비 실제로 얼마나 했는지 확인하고, 다음 사이클의 계획을 세우고 자리에서 일어나자.

몰입 세션에 처음 참여한 많은 사람들은 처음 계획과 실제로 해낸 일의 양 사이에 많은 차이가 있다는 것을 발견하게 된다. 익숙하지 않은 일을 계획한 경우에도 마찬가지다. 이 과정은 자신과 그 업무에 대해 더 잘 이해하는 데에 도움을 준다. 내가 1시간 동안 고도의 집중을 한 상태에서 이 일을 얼마만큼 할 수 있었는지를 알게 되기 때문이다. 이에 대해 알게 되면 점점 더 현실적인 계획을 세우게 된다. 그리고 이를 바탕으로 두 번째 사이클의 목표량, 업무 방법에 대해 계획한다. 이미 하루 전체 계획을 세워두었다면, 다시 현실성을 가늠해볼 수 있다.

이렇게 '50분 동안 계획한 양 대비 실제로 얼마나 했는지 확인하고, 다음 사이클의 계획을 세우기'를 마쳤다면 자리에서 일어나는 것을 추천한다. 잠시 자리를 벗어나 스트레칭을 하거나 화장실을 가고, 환기를 시키는 등의 변화를 준다. 집중하는 공간과 쉬는 공간의 차이를 두는 것은 다시 다음 사이클의 집중에 도움이 된다.

쉴 때도 타이머를 맞추어 두면 좋다. 특히 혼자 집중을 할 경우, 휴식이 늘어지면서 다시 책상에 돌아오고 싶지 않은 마음이 들기 때문이다. 10분에서 15분 정도로 타이머를 맞추어 두고 쉬자.

몰입 세션은 하루 동안 이 사이클을 4~5회 정도 반복한다. 그리고 중간에 산책을 함께 나가는 시간도 있다. 이에 대해 참가자들은 다음과 같이 느낀 점을 전했다.

- 50분 집중, 10분 쉬는 시간을 반복하고 중간에 산책을 하며 머리를 식힐 수 있었던 게 도움이 됐습니다.
- 진행 상태를 보면서 각 차수의 목표를 수행하다 보니, 사소한 부분은 과감히 패스하고 큰 목표를 향해 달려갈 수 있는 시간이었어요. 50분이라는 시간은 생각보다 짧았지만 강제적으로라도 휴식 시간을 넣어서 끊어주니 할 일에만 더 집중할 수 있었던 것 같아요.
- 계획했던 목표를 매 차시 구체화하고 점검하면서 진행하는 시간관리 방법 자체가 몰입을 정말 잘 도와주는 것 같아요.

'이럴 거면 차라리 나가서 놀걸…'하는 마음이 드는 만큼 후회되는 하루가 있을까? 몰입 세션을 다양한 사람들과 함께 하면서, 집중도 설계할 수 있고, 설계할 수 있으니 재현할 수도 있다는 것을 여러 차례 확인했다. 집중은 재능이 아니다. 훈련 가능한 기술이다.

CHAPTER 5

평생을 함께할
나의 계획력

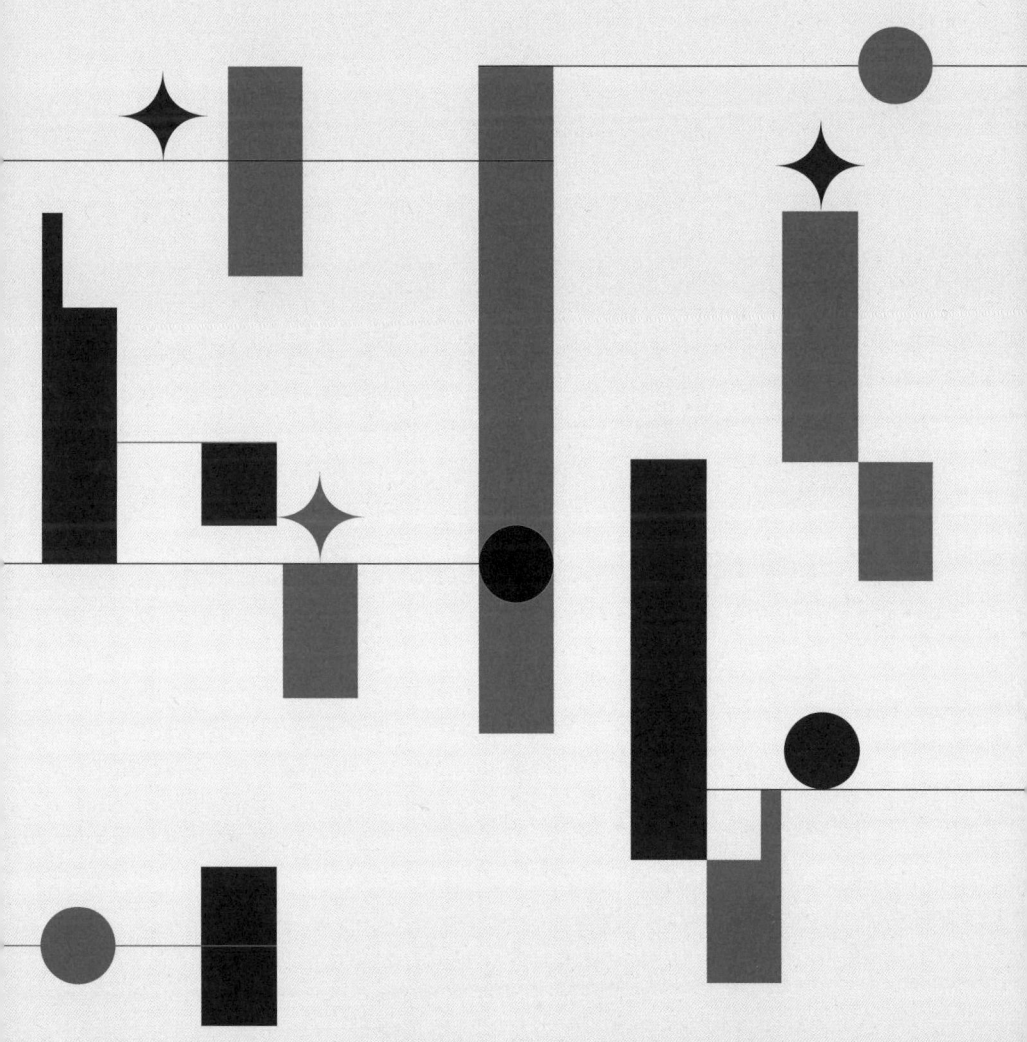

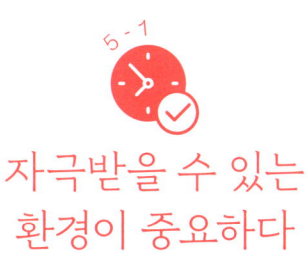

자극받을 수 있는
환경이 중요하다

말을 더 잘 하고 싶어서 스피치 수업을 들었다. 영상 콘텐츠를 만들고, 강의를 하는 것이 내 일의 중요한 부분이었기 때문이다. 수업을 듣는 8주 동안 열심히 과제를 하고 목소리 톤에도 신경 쓰고, 명확한 발음으로 문장을 짧게 말하는 연습을 했다. 신기하게도 스피치 실력에 변화가 있었다. 다른 사람들도 느낄 정도였다. "요즘 말하는 게 달라졌어요. 비결이 뭐예요?"라고 묻는 사람이 실제로 여럿 있었다.

그런데 8주 동안의 수업이 끝나고 몇 개월이 지나자, 나는 더 이상 말하기에 대해 신경 쓰지 못했다. 우린 언제나 중요하면서도 바쁜 일들에 둘러 쌓여 있으니까 말이다. 그러다 보니 다시 조금씩 이전의 목소리와 말투로 돌아오기 시작했다. 8주 동안 노력해서 만든 변화가 도루묵이 되고 있었던 것이다.

다시 자극을 받는 것이 필요했다. 다행히 선생님은 SNS에 콘텐츠를 올리고 있어서 언제, 어디서든 복습할 수 있었다. 주로 운전을 할 때 틀어두고 따라했고, 원데이 클래스가 있으면 참여해서 피드백을 받기도 했다. 말하기 실력을 키우고 싶은 사람들이 모인 커뮤니티 파티에도 나갔다. 스피치 실력 향상을 위해 직간접적으로 말을 잘 하는 사람들과 있으려 노력한 것이다.

결과적으로 이 전략은 효과가 있었다. 강의가 끝난 후에 "말하는 법은 어디서 배우신 건가요? 핵심을 정말 잘 전달하셔서요."라는 질문도 종종 받게 되었다.

⊘ 자극 받을 수 있는 환경에 나를 두기

변화는 것은 불편함을 수반한다. 무의식적인 생각이나 움직임을 다른 방향으로 바꿔야 하기 때문이다. 이를 자신의 의지에만 기대는 것은 효과적일까?

늘 그렇듯, 의지는 믿을 것이 못 된다. 내 의지가 아닌 내 주변을 가꾸어야 한다. 즉, 내가 원하는 방향의 자극을 내 동선 곳곳에 깔아 두어야 한다. 그래야 한 번이라도 더 행동하면서 유지가 되고,

유지가 되어야 다음 단계를 욕심내 볼 수 있다.

한국에 오래 거주한 영어권 외국인이 자국으로 돌아갔을 때 '나 왜 이렇게 영어 못해?'라고 느낀다는 우스갯소리를 들은 적이 있다. 태어날 때부터 시작해서 몇십 년을 살며 체득한 모국어 능력도 어쩔 도리가 없는 것이다. 그게 무엇이든 자주 사용하지 않는 환경에서는 잊혀지기 마련이다.

내 것으로 만들고 싶은 능력이나 습관이 있는가? 단기간 집중해서 능력을 끌어올리고 습관을 붙일 수는 있으나, 그것을 더 오래 내 안에 녹아 들게 하고 싶다면 주변 곳곳에 자극을 깔아 두어야 한다. 가장 쉬운 방법은 내가 원하는 삶을 살고 있는 사람들을 주변에 두는 것이다. 러닝을 삶에 들이고 싶다면 러닝 크루에 가입하고, 책을 꾸준히 읽고 싶다면 책을 소개하는 유튜브 채널을 여러 개 구독해서 계속 내 유튜브 알고리즘에 뜨게 해야 한다. 자산을 불리고 싶다면 경제 공부를 하는 모임을 찾아가야 한다.

나는 상당한 팔랑귀다. 주변의 영향을 쉽게 받는다. 학교 다닐 땐 좋아하는 친구의 필체를 금세 닮아버리기도 했고, 매일 함께 하는 친구의 말투도 금세 따라하게 된다. 좋은 점도, 안 좋은 점도 금방 닮는다. 어른이 되어가면서 정도는 덜하지만, 여전히 나는 주변의 영향을 잘 받는다.

어른이 되어서야 알았다. 내가 나를 위해 할 수 있는 일은 '주변을 가꾸는 것'이란 것을 말이다. 주변에 좋은 사람을 두면, 나 역시 좋은 영향을 금세 받는다. 그래서 나는 내가 되고 싶어 하는 것들로 주변을 채운다. 내 의지보다 내가 변하는 속도가 빠르고, 더 오래간다. 내가 나에게 해줘야 하는 일은 좋은 환경을 만들어주는 것이다. 그럼 그 이후는 저절로 된다.

⊘ 슬럼프를 대하는 자세

이렇게 주변에 깔아두기를 한 것은, 슬럼프가 왔을 때에 빛을 발한다. 한때 내 전부처럼 느껴졌던 뜨거운 연애 상대에게도 흥미가 떨어지는 순간이 온다. 사람이든, 능력이든, 습관이든 모든 것이 마찬가지다. 관계를 얼마나 오래 이어나갈 수 있는가 하는 것은 슬럼프 이후에 결정된다. 슬럼프를 기점으로 '이젠 안녕'이 될 수도 있고, 슬럼프 기점으로 '다시 잘 해보자'가 될 수도 있다.

슬럼프가 왔을 때는 어떠한 결정도 내리지 않는 것이 좋다. 내 경험에 비추어 보자면, 힘든 상황이나 기분이 안 좋은 상태에서 내린 결정은 나중에 후회하는 경우가 많았다. 그럴 땐 내가 정상적으로 판단할 수 있을 때까지 모든 결정을 유보한다.

다만, 조금 멀어져도 괜찮다. 분량을 줄이거나, 간격을 줄여볼 수도 있다. 매일 5km씩 러닝을 하는 것이 지겨워졌다면, 일주일에 한두 번으로 간격을 줄이거나, 5km 뛰던 것을 1km만 걸어도 좋다. 러닝이 지겨워졌다고 해서 이젠 더 이상 러닝을 안 하겠다고 결정하고 러닝 용품을 중고로 팔거나, 러닝 크루에서 탈퇴하지 않아도 된다는 이야기다. 그냥 조금 거리를 두면서 판단을 유보하자. 그렇게 슬럼프를 잘 흘려보내자. 그동안 다른 것에 기웃거리게 될 수도 있다. 괜찮다.

그러다 어느 날 집 한 구석에 걸린 마라톤 메달이 눈에 보인다. '맞아. 나 한때 러닝 열심히 했지. 다시 달려볼까?'하는 마음이 차오른다. 알람이 수백 개 쌓여 있는 러닝 크루 단톡방을 오랜만에 들여다본다. 마침 이번 주 주말에 함께 뛰는 일정이 있다. 참여해봐야겠다 생각이 든다. 오랜만에 사람들과 함께 뛰니 기분이 좋다. '그래, 이 기분이었지!'하며 다시 러닝이 내 일상에 들어온다.

만약 러닝 물품도 다 팔고, 러닝 크루도 탈퇴했다면 어땠을까? 슬럼프라고 모든 걸 다 끊고, 내 일상에서 '러닝을 하는 사람'들의 연결고리를 정리했다면 다시 러너의 생활로 돌아가기는 어려울 것이다. 우선, 갑자기 벽에 걸린 메달이 눈에 띄어서 '다시 뛰어볼까?'하는 마음이 스치는 우연은 없었을 것이다. 그리고 이미 분위기를 알고 있는 익숙한 러닝 크루가 없어졌으니, 다시 새로운 크루를 찾아보는 노력을 들여야 하는데, 이는 많은 에너지를 요한다. 가볍게 다시 찾을 수 있는 베이스캠프 같은 곳이 없어진 것이다. 아주 작은 불편도 행동을 막는데, 이것은 너무 큰 노력이 필요하다. 웬만한 의지 없이는 다시 러닝을 시작하기 힘들어진다.

꾸준하나는 것을 난시산으로 끊어서보면 '매일' 해야만 수순한 것처럼 느껴진다. 그러나 장기간으로 넓게 보면 매일 하지 않더라도 멈추지만 않으면 꾸준히 이어가고 있는 것처럼 보인다. 그러니 언제든 다시 시작하면 된다.

내가 스피치 선생님과 그 그룹에서 멀어지지 않는 것과 마찬가지로, 우선순위 관리를 잘 하고 싶어 나를 찾아오는 사람들이 있다. 그리고 그들은 밀물과 썰물처럼 나에게 가까이 왔다가 멀어졌다가 다시 가까이에 온다. 계획을 세우고, 실천하고, 점검을 하는 그 사이클을 배우고, 스스로 하는 힘을 익힌 후 자립한다. 자신의 방법으로 응용도 하고, 힘 있게 나아간다. 그리고 다시 인생이 복잡해지고, 생각과 행동이 분리가 되면 나를 찾는다. 그리고 다시 기본기를 다진다. 꾸준히 내가 자리를 지키고 하나의 메시지를 내보내고 있으니, 이들은 나를 등대처럼 여기고 오간다. 나는 사람들이 나를 이런 방식으로 이용하는 것이 좋다. 더 정확하게 말하면 바람직하다고 생각한다.

자기 관리는 긴 과정이다. 지금부터 시작해서 내가 죽을 때까지, 자신을 다듬어 가야한다. 사실, 그것 말고 뭐가 더 중요할까?

우리는 앞으로도 슬럼프를 만날 것이다. 그것도 꾸준히, 여러 번. 그러니 슬럼프를 잘 흘려보내는 법, 권태로워도 멈추지 않는 법을 배워야 한다. 그럴 때마다 이것저것 시도해 보면서, 자신에게 맞는 것을 찾기를 바란다. 그럼에도 내가 원하는 것을 이미 잘 하는 사람과 노력하는 사람을 곁에 두는 것은 언제나 정답이다.

당신이 잘 하고 싶은 것은 무엇인가? 그걸 잘하는 사람들, 그것에 노력하는 사람들이 있는 곳에 발을 걸쳐 두자.

오늘의 성실함을
성과로 연결하는 3단계

"비전공 개발자가 되었는데, 회사에 가 보니 실력이 너무 부족하더라고요. 퇴사하고 부트캠프 같은 곳에 가서 더 배워보려고요."

"부서 이동을 했는데, 모르는 게 너무 많더라고요. 그래서 책을 좀 읽으려고 해요.

"브랜딩이 중요하다고 해서 로고부터 새로 만들었어요."

"유튜브 하고 싶어서 일단 카메라부터 샀어요."

끊임없이 배우고, 시도하는 사람들. 그 노력의 반의 반이라도 성과로 이어지고 있을까? 노력한다고 다 나아지는 건 아니다. 문제의 본질을 제대로 보지 못한 채 어긋난 방향으로 지속하는 노력은 오히려 우리를 표류하게 만든다.

가장 경계해야 하는 것은 조급함이다. 빨리 시작하겠다는 마음은 초반에 떠오른 몇 가지 방법만을 토대로 즉석에서 결정하도록 우리를 부추긴다. 하지만 첫 단추를 잘못 끼우면 그 이후의 모든 노력은 허사가 된다.

그렇다면 어떻게 해야 할까? 첫 단추를 잘 끼우고, 그 뒤에 이어질 모든 행동이 성과로 연결되려면 우리는 세 단계를 거칠 필요가 있다. 이유를 찾고, 그 이유를 충족시킬 것을 뽑아낸 뒤, 오늘의 행동으로 바꾸는 과정이다. 그냥 하는 것이 아니라, 잘 하게 만들어주는 세 가지 단계를 하나씩 살펴보자.

step. 1 이유를 찾기   step. 2 최적의 전략 세우기   step. 3 오늘의 계획으로 바꾸기

⊘ Step 1. 이유를 찾기

무엇을 할지 고민하기 전에, 먼저 "왜 나는 이걸 하려는가?"를 묻는 게 우선이다. 무엇을 나아지게 하고 싶고, 이를 통해 얻고 싶은 건 무엇인지에 대한 대답을 스스로 할 수 있어야 한다.

⊘ Step 2. 최적의 전략 세우기

'왜'가 분명해졌다면, 그 다음은 그 이유를 충족시키기 위해 무엇을, 어떻게 할 것인가를 구체화하는 단계다. 무턱대고 책을 10권 읽거나, 장비부터 사는 대신 지금 내게 정말 필요한 것이 무엇인지, 그리고 가장 효과적인 방법은 무엇인지를 살펴야 한다.

⊘ Step 3. 오늘의 계획으로 바꾸기

생각만으로 달라지는 건 아무 것도 없다. 마지막으로 '오늘 무엇을 할 것인지' 결정해야 한다. 목표가 오늘 하루의 행동으로 연결될 때 비로소 변화가 시작되기 때문이다.

그럼 이 3단계가 실제로 어떻게 작동하는지, 예시를 살펴보면 더 와닿을 것이다. 이유를 찾고, 방향을 세우고, 작은 실행으로 노력한 만큼 '잘하게 된' 그들의 이야기를 만나보자.

⊘ Step 1. 이유를 찾기

개발 직군이든 비개발 직군이든 많은 신입직원은 자신이 부족하다고 느낀다. 평소에는 하지 않는 바보 같은 실수를 하는 경우도 더러 있다.

그런데 전공자가 아님에도 그가 취업에 성공했다는 것은 최소한의 능력을 인정받았다는 의미 아닐까? 다시 퇴사하고 공부해야 할만큼 실력이 부족했다면 애초에 회사에 들어오지 못했을 것이 아닌가. 나는 그가 느끼는 '부족함'의 감정이 신입직원이라면 모두 느끼는 어려움인데, 자신이 개발 비전공자인 것에 원인을 돌리는 것은 아닌지 궁금했다.

그는 자신이 부족한 부분과 함께 회사에서 신입직원의 적응을 돕는 가이드와 교육 프로그램이 부족하다고 말했다. 비전공자인 자신에게만 특별히 어려운 것이 아니라, 모든 신입에게 필요한 체계적인 지원이 미흡했던 것이다. 결국 문제는 그의 비전공 배경이 아니라, 처음 접하는 환경과 불친절한 온보딩 시스템 때문이었다.

그는 "내가 잘못된 선택을 한 게 아닐까?"라고 자책하고 있었지만, 나는 이렇게 되물었다. "정말 부족해서 그런 걸까요, 아니면 새로운 환경에 익숙해질 시간이 더 필요했던 걸까요?" 그 질문을 던지고 나서야 그는 사신이 너무 조급했음을, 그리고 아직까지 배우는 중이라는 사실을 받아들이기 시작했다.

그리고 이어서 이렇게도 물었다. "퇴사하고 부트캠프를 다시 가면, 정말 그 부족한 부분이 채워질 것 같아요?" 그는 멈칫했다. 왜냐하면 본인도 정확히 어떤 부분이 부족한지, 무엇을 어떻게 보완해야 하는지를 명확히 알고 있지 못했기 때문이다. 만약 지금 이대로 퇴사한다면, 부족한 기술만큼이나 더 중요한 '문제 해결력'과 '현장에서 부딪히는 힘'을 기를 기회를 스스로 없애는 셈이었다.

그는 점점 본질적인 문제를 이해하기 시작했다. 단지 불안한 감정을 해결하려는 충동적 선택이 아니었는지 돌아보게 된 것이다.

⊘ Step 2. 최적의 전략 세우기

단순히 퇴사하고 부트캠프에 다시 등록하는 것이 최선일까? 그의 진짜 목표는 '실력 있는 개발자가 되는 것'이지, 무조건 '다시 배우는 것'은 아니었다. 그래서 전략을 이렇게 바꿔보기로 했다.

✓ What: 내가 부족하다고 느끼는 영역이 정확히 무엇인지 리스트업 (예: 협업툴 사용, 코드 구조 설계, 특정 언어의 문법 등)

✓ How: 퇴근 후 시간을 활용해 부족한 영역을 보완할 수 있는 실전 강의나 튜토리얼 학습, 팀 선배나 멘토에게 코드 리뷰를 요청하거나, 슬랙/커뮤니티에 질문 올리기, 동료들과의 페어 프로그래밍 등 실전 속에서 배우기

실력을 키우는 데 있어 가장 빠른 길은 다시 돌아가는 것이 아니라 지금 있는 자리에서 실전 경험을 쌓으며 배우는 것이었다. 그의 얼굴이 점점 밝아졌다.

⊘ Step 3. 오늘의 계획으로 바꾸기

전략은 있어도 실행하지 않으면 바뀌지 않는다. 그는 이렇게 정리된 계획을 당장 그날부터 실천하기로 했다.

- 오늘 퇴근 후, 평소 헷갈리던 명령어 정리해보기
- 이번 주에 한 번은 선배에게 코드 리뷰 요청해보기
- 이번 달 안에 개인 프로젝트 하나 작게 만들어보기

퇴사하고 다시 배우는 선택이 꼭 틀렸다고는 할 수 없다. 하지만 지금 자신이 처한 환경을 충분히 활용해보지도 않고 내리는 결정이라면, 그 선택은 새로운 기회를 여는 것이 아니라 지금의 불편함을 피하려는 회피일 수 있다.

잘하고 싶다면, 먼저 멈춰 서서 이유를 물어야 한다. 거기서부터 시작해, 다시 전략을 세워야 한다. 급한 마음에 일단 떠오르는 것을 한다면, 우리는 잘하고 싶은 마음과는 달리 어렵게 돌아가게 될 수 있다. 성급한 결정이 얼마나 아찔한 결과를 낳을 수 있는지, 비포와 애프터를 비교하면 더 명확히 보인다.

	Before	After
목표	퇴사 후, 모자란 부분에 대한 공부를 더 한다.	부족한 부분을 리스트업 하고, 퇴근 후 공부, 선배 도움, 실전 안에서 배우기
계획	어디서 배울 수 있는지 찾아보기	√ 오늘 퇴근 후, 평소 헷갈리던 명령어 정리해 보기 √ 이번 주에 한 번은 선배에게 코드 리뷰 요청해보기 √ 이번 달 안에 개인 프로젝트 하나 작게 만들어보기

⊙ Step 1. 이유를 찾기

그는 최근 마케팅 부서로 인사이동을 했다. 기획서 양식이나 사용하는 용어도 낯설고, 회의에서 쏟아지는 아이디어를 따라가기에도 벅찼다. 그래서 일단은 공부부터 해야겠다는 생각에 3개월 동안 마케팅 책 10권을 읽기로 계획을 세웠다고 했다.

나는 그에게 이렇게 물었다. "왜 10권인가요? 그걸 다 읽으면 어떤 변화가 생기길 기대하나요?" 그는 잠시 머뭇거리다가 "그래야 감이 생기고, 자신감도 좀 생길 것 같아서요."라고 말했다.

하지만 단순히 읽는 '양'이 중요한 게 아니라 읽은 책들이 나에게 '도움이 되는 방향'으로 쓰여야 하지 않겠는가? 막연한 불안 속에서 세운 숫자 목표는 실제 실력을 키우기보다, 불안감을 덮는 데 쓰일 수 있다.

그의 목표는 책 10권을 읽는 것이 아니라, 마케팅을 더 잘 해내는 것이었다. 그렇다면 지금 해야 할 질문은 이것이다. "나는 어떤 상황에서 어려움을 느꼈고, 그걸 해결하려면 무엇이 필요한가?"

⊘ Step 2. 최적의 전략 세우기

그의 진짜 목표는 책을 많이 읽는 것이 아니라, 마케팅 실무 역량을 기우는 것이었다. 그렇다면 이제는 목표에 맞는 전략을 다시 세워야 한다. 우선 책을 고를 때도 지금 자신의 일에서 가장 막막했던 부분을 해결해 줄 수 있는 주제 중심으로 골라야 한다.

예를 들어 콘텐츠 기획이 어렵다면 기획서를 잘 쓸 수 있는 방법에 대한 책, 브랜드 스토리텔링이 막막하다면 관련 사례 중심의 책을 참고해야 한다. 선배들에게 좋은 책을 추천받아 그것을 공부하듯 정독하고, 나머지 책들은 훑어보는 느낌으로 읽어 빈 부분을 채울 수 있다.

또한 읽기만 한다고 해서 그 책을 내 것처럼 완벽하게 흡수할 수 있는 건 아니다. 읽은 내용 중에서 실무에 적용할 수 있는 것을 뽑아 하나라도 적용해 봐야 한다.

게다가 요즘 세상엔 책에서만 배울 수 있는 것도 아니다. 관련 업무를 하는 사람들의 수많은 노하우 영상이 유튜브에 올라와 있다. 인터뷰 기사도 있고, 어쩌면 강의도 있을 수 있다. 다시 한 번 상기시켜야 한다. 나는 마케팅 업무를 잘 해 내고 싶다는 것을. 책이 아닌 사람에게서도 배울 수가 있다.

⊘ Step 3. 오늘의 계획으로 바꾸기

이런 흐름으로 이번 주 당장 실행할 수 있으면서도 현실적인 계획을 뽑아낼 수 있다.

- 오늘 내가 가장 막막했던 마케팅 업무에 대해 적어보기
- 그 문제와 관련된 유튜브 영상 하나 찾아보기
- 선배에게 세 명에게 책을 추천받고, 그중 공통적으로 겹치는 책 한 권을 오늘부터 읽기 시작하기

	Before	After
목표	책 10권을 3개월 안에 읽는다	실무에 필요한 역량을 키운다 (기획력, 전달력, 실행력 중심)
계획	마케팅 관련 책을 많이 읽는다	√ 오늘 가장 막막했던 업무 상황 기록 √ 관련된 책이나 콘텐츠 한 개 찾아보기 √ 읽은 내용 실무 적용하기 √ 팀 선배에게 질문 한 개 던져보기

누구나 잘 하고 싶다. 하지만 그저 많이 한다고 해서 늘 더 나아지는 건 아니다. 중요한 건 방향이고, 그 방향은 '왜 내가 이것을 하고 싶은가'를 묻는 것에서부터 찾을 수 있다. 몇 가지 아이디어만으로 할 것을 결정하기 전에 단 10분만이라도 멈춰서, "내가 원하는 변화는 이 방식으로 가능할까?"란 질문을 던져봤다면 우리는 더

적은 노력으로도 더 나은 결과를 만날 수 있었을지 모른다.

　최근 당신이 노력하고 있는 것들에 대해 질문해 보자. "내가 원하는 변화는 이 방식으로 가능할까?" 만약 대답할 수 없거나, 아니리는 답이 나온다면 3단계를 차분히 따라가 보자. 오늘의 성실함으로 성과를 불러오기 위해서.

우리 모두에게는
'100일의 자유'가 있다

당신에게 100일의 휴가가 주어졌다. 단, 100일을 연달아서 사용할 수는 없고, 최대 이틀까지 붙여서 사용할 수 있다. 아무튼 100일을 어떻게 보낼지는 당신의 자유다. 하나의 주제로 100일을 보내도 좋고, 100가지 주제로 100일을 보내도 좋다. 당신은 이 시간을 어떻게 보내고 싶은가?

무슨 뚱딴지 같은 소리인가 싶겠지만, 실제로 우리에겐 1년에 100일의 자유가 있다. 계산해 보자. 1년은 52주이니, 주말도 52번이 있다. 그중 명절인 설날과 추석이 낀 주말을 빼면 50주다. 우리 각자에겐 50번의 주말이 있고, 주말은 이틀이니 날 수로 따지면 100일이다. 교대근무를 하는 독자들은 정해진 주말에 쉬는 것은 아니지만, 전체적으로 세어보면 얼추 이와 비슷하거나 좀 더 많은

날을 쉴 것이다. 자신이 쉬는 날이 주말로 생각하자. 그러니 우리 모두에겐 100일의 자유가 있다는 건 정말이다.

어떤 방식으로 보내든 시간은 흘러간다. 주말을 SNS 숏폼 콘텐츠에 질어져 보내거나, 마트 주차장에 오도 가도 못한 채 갇혀 있어도 시간은 흐른다. 선풍기 앞에서 수박을 썰어 먹으며 가족들과 함께 하고, 보고 싶었던 OTT 시리즈 한 편을 보거나 친구들과 산에 가서 땀을 흘려도 시간은 흐른다. 어떤 100일을 보낼 것인지는 온전히 당신의 선택이다.

평일은 의무의 시간이라면, 주말은 자유의 시간에 더 가깝다. 그러나 주어진 자유를 어떻게 활용해야 좋을지 몰라서 난감해 하는 사람도 많다. 실제 그런 이유로 주말이나 연휴가 시작되면 우울해진다는 사람들도 있다. 정신과 전문의 문요한 작가가 쓴 『오티움』에서는 이를 '주말병'이라 부른다. 특히 머리를 많이 쓰고 일을 통해 자신의 가치를 느끼는 사람일수록 할 일이 없으면 자유로워지는 게 아니라 힘들어하는 경우가 많다고 한다. 이 책에서는 현대인의 비극은 여가시간의 부족에 있는 게 아니라 여가 시간을 즐길 줄 아는 능력이 없다는 것을 짚는다.

주말을 어떻게 썼는지를 돌아보면 내 상태를 알 수 있다. 주말마다 마라톤 참여 일정이 있었던 기간은 러닝에 매우 심취했을 때다. 주말마다 잠을 자고, 사람 만나는 것을 최소화한 기간을 들여다보면, 신체적으로도 정신적으로도 지쳐 있었던 기간이다. 주말마다 할 일 없이 쇼핑몰이나 마트에 들렀던 기간은 인생의 구심점이 없이, 생각의 흐름대로 지냈던 때와 겹친다. 요즘의 주말은 아기와 산책하거나 아기에게 새로운 경험을 할 수 있는 곳에서 시간을 많이 보낸다. 육아에 가장 많은 관심과 에너지를 쓰고 있는 기간이다. '주말의 시간'은 곧 나의 현재 상태를 비추는 거울이다.

나는 주말 일기를 따로 쓴다. 엑셀의 한 행에 한 주의 토요일, 일요일을 담는다. 그날을 대표할 수 있는 사진과 느낀 점을 간단히 쓴

주차	토		일	
	...			
13주차	사진	가족: 유아차 런 참여! 우리 가족의 첫 마라톤이었다 :)	사진	일: 프롤로그 쓰기. 남편이 아기를 보는 동안, 카페에 가서 글을 썼다. 안심도 되고, 집중이 잘 되었다.
14주차	사진	휴식: 집에서 뒹굴거리는 주간. 아무 계획도 없는 주말이 좋다. 아기가 잘 때, 혼자 나와서 3km를 뛰었다. 상쾌했다.	사진	휴식: 릴스에서 유행하는 방법으로 아기 머리를 직접 잘랐다. 버킷리스트를 달성해서 나는 기분이 좋았는데, 아기 머리는 망한 것 같다...ㅋㅋㅋ
15주차	사진	가족: 외할머니댁으로 이동. 아기와의 기차 여행 도전!	사진	가족: 북적북적 즐겁다. 조카들도 오랜만에 보니 무척 즐거웠다.
	...			

다. 스크롤을 내리면서 주말의 흐름을 한 눈에 볼 수 있다. 이것을 들여다보면 남은 주말도 즐겁게 보내고 싶다는 생각이 든다.

지금 이 글을 쓰고 있는 나는 6월의 끝자락에 있다. 100일의 자유 중 절반이 남은 셈이다. 나는 이 절반의 자유를 무엇으로 채우고 싶은가 생각하게 된다. 남편과 아기와 추억을 쌓는 시간으로 보내고 싶다는 생각이 드니, '아기와 가기 좋은 곳'을 검색하게 된다. 이 책이 나올 것으로 생각되는 올 하반기의 주말은 독자들과 소통하며 보내고 싶은 마음에 소중히 비워두게 된다. 내가 생각하는 톤으로 남은 50일의 엑셀 한 칸 한 칸이 채워질 것이다.

나는 시간은 관리하는 것이 아니라 '선택'하는 것이라고 생각한다. 주말의 시간은 더욱 선택하는 힘이 필요하다. 내 주말은 내가 만든다는 생각을 가지고 휴식이든 놀이든 선택한다. 그렇지 않으면 '뭐했는지 모르게 주말도 다 가버렸네!'하면서 여전히 피로한 눈으로 월요일을 맞게 될 테니까. 이런 인생은 재미가 없다. 평소에 하고 싶다고 마음 속에만 담아 두던 것들로 주말을 채우자.

7살 아들, 5살 딸을 키우는 한 직장인을 소개하고 싶다. 그에게는 하나의 로망이 있었는데 '나와 아들, 남자들끼리만 제주도 여행을 가고 싶다.'는 것이었다. 그러나 여러 해 마음 속에만 담아두고 있었다. 그러다 문득 스스로 선택하지 않으면, 아무것도 현실이 되지 않는다는 마음이 들었고, 아들과 제주도 단둘이 여행을 떠났다. 오래 담아두었던 버킷리스트가 현실이 된 것이다.

그는 이 선택을 통해 버킷리스트를 현실로 만들었다. 이 경험을 통해 용기를 얻어, 그는 더 과감한 선택을 한다. 육아휴직 1년을 써서 아이와 매일 더 긴 시간 살을 부대끼며 시간을 보내는 것. 그 바람을 현실로 만들었다. 자신의 선택으로 삶의 온도가 바뀌는 것을 경험했다.

회사를 아예 그만두고 카페를 차리기에는 너무 무모해서, 회사를 다니며 '주말에만 여는 카페'를 운영하는 직장인도 있다. '토스머니스토리 공모전 2023'에서 수상한 스토리다. 그는 월 8회만 문을 열어 8개월 동안 운영을 지속한 이야기를 전한다.

이렇게 하고 싶은 것을 '해 보는' 경험은 자신을 다음 단계로 끌어올린다. 나는 어릴 때 배웠던 피아노를 성인이 되어서도 다시 쳐보고 싶다는 마음을 오랫동안 품고 있었다. 그러다 몇 년 전, 피아노를 배우는 시간을 내는 것을 선택했다. 약 3개월 동안 주 1회 레슨을 받고 주말에 피아노 학원에 나가 연습을 했다. 피아노 학원에서 열리는 작은 연주회에도 참여해서 원생들이 보는 앞에서 3개월 동안 연습한 곡을 덜덜 떨면서 쳤다. 이 3개월을 통해 피아노를 다시 배우고 싶다고 오랫동안 품었던 마음이 해소가 되었다. 피아노에 대한 미련을 털어낸 시간이었다. 미련이 털어지니, 나는 다른 꿈을 꾸게 되었다.

이렇게 마음 속에만 담아두었던 것을 현실로 만들기에 좋은 시간이 바로 주말이다. 만약 당신의 버킷리스트가 주말에 며칠의 휴가를 더하는 것으로는 택도 없을 만큼 큰 것이라면, 다음의 사례가 도움이 될지도 모르겠다.

내 남편은 산티아고 순례길을 걷는 것이 오랜 버킷리스트였다. 산티아고 순례길은 800km를 40일 동안 걷는 것이라고 한다. 직장인으로서는 곤란한 일정이다. 그렇다고 은퇴할 때까지 기다린다면 그때는 무릎이 곤란해할 것 같았다. 그래서 그는 주말에 연차를 붙여서 순례길 100km를 5일 동안 걷는 것을 선택했다.

그가 버킷리스트를 실행하기로 결심하기까지는 많은 고민이 있었다. '일부만 걸어도 의미가 있을까?' '이 돈을 쓸 만한 가치가 있을까?' '순례인들을 고통에 빠트리는 작은 벌레, 오래된 침대와 나무사이에 숨어있다가 사람을 문다는 배드버그에 물리면 어떻게 하지?' 등등 여러 생각으로 그는 망설였다. 그럼에도 남편은 마음 속에만 담아뒀던 것을 현실의 경험으로 바꾸었다. 그리고 그는 5일 간의 기록을 담아 『여보, 일주일만 산티아고 다녀올게』라는 책을 써서 자신의 생각을 정리했다.

다녀온 뒤 그는 오히려 산티아고 순례길이 더 좋아졌다며, 다음번에는 다른 코스를 걷고 싶다고 했다. 그리고 날씨가 좋을 때 지인들과 올레길 프로젝트를 하겠다며 버킷리스트 목록에 한 가지를 더 추가했다. 하고 싶은 것을 하는 것으로 주말과 연차를 보내는 사람을 곁에서 보는 일은 즐거웠다. 하고 싶은 것을 하는 사람만이 가질 수 있는 생기가 느껴졌는데, 실제로 '퇴사하고 싶다!'라며 농담 반, 진담 반으로 던지던 말도 줄었다. 그리고 어디서 들은 이야기가 아닌 '자신의 이야기'로 우리의 대화가 채워지는 것도 즐거움에 한 몫했다.

지금까지의 많은 주말이 그랬듯, 100일의 자유는 선택하지 않으면 스쳐간다. 주말은 에너지를 보충하고, 생각의 흐름대로 자신을 놓아두어도 좋은 시간이다. 하지만 자신을 놓아둔다는 의미가 SNS 숏폼에 휩쓸리고, 봐도 그만 안 봐도 그만인 OTT 영상을 끼고 보내도 좋은 시간이란 의미는 아니다. 뒷맛이 씁쓸한 휴식이 아닌 내 안이 채워지는 시간을 갖는 쪽이 더 좋지 않을까.

그러기 위해서는 주말에도 약간의 계획이 필요하다. 하고 싶은 것을 적어보고, 이것들을 주말 중 언제 할지 선택해보자. 강의에서 만난 한 분은 산을 오르는 것이 취미라서 50번의 주말 동안, 우리나라 명산 20~30개는 가 볼 수 있겠다고 하셨다. 1년에 20개의 산을 느끼는 것! 멋지지 않은가? 또 다른 분은 문학을 읽고 싶은데, 평일에는 흐름이 끊어져서 힘들다며 주말을 이용하고 싶다고 했다. 50번의 주말을 이용한다면, 문학책을 대여섯 권 정도는 섭렵해볼 수 있으리라 계획했다.

어떤 일을 하느냐 만큼 어떤 여가활동을 하느냐가 그 사람의 정체성을 드러내는 시대가 되어가고 있다.

『오티움』을 읽을 때마다 밑줄 친 문장이다. 인생을 다채롭게 만드는 것은 내가 하기에 달렸다. 맛집을 찾아다니는 것만 적극적으로 할 것이 아니다. 우리가 적극성을 발휘해야 하는 것은 하고 싶은 것을 마음에서 끌어올려, 그걸 할 시간을 선택하는 것이다.

100일의 자유, 당신은 어떻게 보내고 싶은가?

5년 후의 내가
지금의 나에게

'비트코인을 사! 가능한 많이.'

'매일 1분만! 코어운동 플랭크에 시간을 할애해 줘, 제발'

'영어 공부. 지금 해도 늦지 않아'

지금의 내가 5년 전의 나에게 하고 싶은 말이다. 5년 전의 내가 지금의 조언대로 행동했다면 나는 지금보다 허리가 덜 아프고, 해외 콘텐츠도 즐길 수 있고, 경제적으로도 여유로울 것이다. 5년 전 나는 비트코인을 샀다가 팔았고, 운동은 마음 내키는 날만 했던 터라 결국은 안 한 날이 더 많았고, 영어 공부는 할 생각도 안 했다.

그럼 나는 5년 동안 무엇을 했는가. 시간관리 콘텐츠를 글과 영상으로 만들었고 사람들과 함께 플래너를 쓰면서 성장했다. 책을 많이 읽었고, 플래너를 여덟 번 업그레이드해서 론칭했으며 시간관리와 동기부여 강의를 진행했다. 피아노를 쳤고, 출산도 했다. 그 덕에 비트코인은 없지만 자신만의 콘텐츠는 있는, 몸의 근육은 없지만 생각의 근육은 더 탄탄해진, 영어는 잘 알아듣지 못하지만 아기의 신호는 잘 읽는 사람이 되었다. 내가 한 것과 내가 하지 못한 것들이 모두 모여 지금의 내가 되었다.

그렇다면 나는 지금부터 무엇을 하고, 무엇을 하지 말아야 할까? 나는 5년 후 어떤 내가 되어 있고 싶은가를 생각해 보게 된다. 새해가 되었을 때와 같이 외부적 이유에서든 다시 의지를 다지고 싶어질 때처럼 내부적 이유에서든 우리는 목표라는 걸 세운다. 이때 보통 '일단 떠오르는 것' 몇 가지 중에 한두 개를 선택하는 방식이 가장 흔하다.

가령, 새해가 되었을 때 '책도 많이 읽고 싶고, 살도 빼고 싶고, 자격증도 하나 따고 싶고, 여행도 가고 싶다. 유튜브도 시작하고 싶은 걸. 이 중에 뭘 하지?'와 같은 식이다. 이 간단한 결정은 비트코인, 코어운동, 영어와 같이 미래의 자신에게 큰 영향을 미치게 된다. 이 중대한 결정을 이런 식으로 내려서야 되겠는가.

먼저 5년 후의 내가 어떤 모습이 되고 싶은지 그려봐야 한다. 어떤 일을 하면서 어떤 집에 살고 싶은지, 결혼은 했으면 좋겠는지, 아이는 있었으면 좋겠는지, 주변에 어떤 사람들이 함께 하면 좋겠는지, 여가 시간은 어떻게 보내고 싶은지, 신체적으로는 얼마나 건

강하기를 원하는지, 내가 더 연마하고 싶은 기술을 어떤 건지 등등 여러 가지가 있을 수 있다. 내가 어떤 사람이 되고 싶으냐에 따라 내 에너지를 어느 방향으로 쓸지 결정된다. 그저 무언가를 하는 것으로 위안을 삼는다면, 5년 후에는 여러모로 아쉬운 일이 생긴다.

내가 생각하는 5년 후의 미래와 지금의 내가 너무 동떨어져 보인다고 해도 그려봐야 한다. 오히려 그럴 수록 더욱 필요하다. 그래야 방법을 찾고, 기회가 왔을 때 알아볼 수 있다. 나 또한 3교대 간호사로 일할 때, '내 이름으로 일하는 나'로 가는 길이 가늠도 되지 않았다. 막연한 바람이라도 지속적으로 꿈을 꾸다 보니, 부서 이동으로 다른 일을 경험할 용기도 낼 수 있었고, 유튜브 세상에 처음 빠져들었을 때 유튜브를 해 보는 것을 바로 실행해 옮길 수 있었나. 막연하지만 내 마음 속에서 지워지지 않는 상이 나를 여기까지 이끌었다. 나는 다시 그려본다, 나의 5년 후를.

10분 동안 상상해본 나의 5년 후 일상이다. 이렇게까지 그림을 그리듯 생각해보니, 지금 내가 해야 할 것이 뚜렷해졌다.

> 5년 후, 나와 남편은 40대 중반, 아기는 5살이 되었다. 여전히 아이와 보내는 시간이 많다. 그러나 이 시간을 줄이고 싶지는 않다. 아이가 유치원에 가 있는 시간을 온전히 활용해야 한다.
> 이제는 이 생활도 5년차에 접어들어 나만의 루틴이 생겼다. 아이를 어린이집에 보내고 9시 30분, 카페로 출근한다. 머리가 가장 맑을 때 가

장 중요한 일을 한다. 우선 글을 쓰고 콘텐츠 기획을 한다. 11시 반에 운동을 하고, 12시 반에는 집으로 가서 30분간 집 정리를 한 뒤 점심을 먹는다. 2시에 두 번째 업무를 개시한다. 메일을 확인한 뒤 강의자료를 만들고, 콘텐츠를 찍거나 하는 일을 한다. 4시, 아이와 함께 시간을 보낸다. 7시, 남편이 오면 함께 저녁을 먹고 10시에 세 번째 업무 시간을 가진다.

웬만한 건 AI가 모두 해주는 세상이 되었다. 나만의 스토리, 인간의 이야기가 중요한 세상이 되었다. 나는 정답보다는 문제를 해결하는 과정을 공유한다. 어떤 날은 잘 되고, 어떤 날은 어려운 상황에서도 헤쳐나가는 모습에 많은 사람들이 용기를 얻는다. 이게 내 직업의 본질이다. 그러니 나는 더욱 움직이려 노력한다.

블럭식스 브랜드는 외적으로도 더 성숙하고 내적으로도 더 탄탄해졌다. 자기관리 초보자들을 친절히 안내하는 것부터 고급 과정까지 잘 설계되어 있다. 이제 사람들은 시간관리하면 블럭식스, 룩말을 떠올린다. 그리고 그걸 '간단한 것' '나도 해볼만 한 것' '매일은 못해도 인생이 흐트러질 땐 블럭식스'라고 생각한다. 5년 동안 매출도 탄탄하게 늘어나고 있고, 정기적으로 함께하는 팀원들도 생겼다.

좋은 소식은 올해부터 일본에서 강의를 하게 된 것이다. 또한 아이를 키우다 보니 어린이들의 자기 관리에도 많은 관심을 쏟게 되었다. 어린이와 청소년들의 시간관리, 목표를 설계하는 법을 돕는 수업을 열었는데 1년째 아주 인기가 있다. 무엇보다 성장하는 어린이들을 만나는 것은 일상의 큰 기쁨이 되고 있다.

경제적으로도 우리는 조금 더 편안해졌다. 각자의 작업실을 가질 수 있는 크기의 역세권 집으로 이사했다. 아이가 학교 가기 전, 남편은 육아휴직을 쓰고 1년 간 세계 여행을 갈 준비도 틈틈이 하고 있다.

양가 부모님들과도 아이가 크는 시간을 자주 함께 하고 있다. 모두 건강하셔서 감사하다.

상상을 현실로 만들기 위해 할 일들

일	개인
· 블럭식스 브랜딩 필요 · 초보자의 시선으로 함께 하기 · 영상 콘텐츠 정기적 업로드 · 자기관리 단계별 플랜 제안하기 · 일본, 영어권 콘텐츠 확장 방법 찾기	· 매일 1시간 운동 시간 반드시 내기! – 일도 육아도 잘하기 위해 · 일본어 공부 시작. 올해 JLPT 4급부터! – 다 까먹었다 · 일이 아이와의 시간을 잡아먹지 않게, 늘 우선순위, 버리기 잘하기! · 버는 만큼 쓰지 않기! 매주 정산하며, 경제적 흐름 보기

이 사이에서 우선순위를 잡아 차근히 해나가면 될 것이다. 이를 중심에 두고, 변화와 기회에 반응하면 된다. 큰 그림이 있다면 작은 욕심에 덜 흔들리게 된다. 통에 작은 돌들을 채우느라, 미처 큰 돌을 넣지 못하는 인생이 되고 싶지는 않다.

물론 인생에는 마음대로 되지 않는 일이 많다. 하지만 점선을 그어두고 선을 그리는 것과 백지 위에 선을 그리는 것은 정확도가 다르지 않는가? 지금 시점에서 바라는 5년 후 내 인생은 쑥스럽게도 책에 박제가 되었다. 그러니 독자 여러분! 5년 후가 되는 2030년이 작가가 어떤 삶을 살고 있는지 추적해 볼 수 있다.

그리고 당신 삶의 계획도 세워보자. 지금 10분 동안 5년 후의 삶을 상상해보자. 만족스러운 인생을 그려보자. 그리고 그런 5년 후를 맞이하기 위해, 지금 할 수 있는 것을 적어보자. 과거의 내가 지금의 나를 만든 것처럼 지금의 내가 5년 후의 나를 만들 것은 분명한 사실이다.

신년 운세는 돈과 시간을 들여서도 보러가면서, 인생의 계획은 세울 생각이 없는 채로 보내지 말자. 미래를 만드는 건, 다른 누구도 아닌 나 자신이나.

꿈 없이
열심히만 살지는 않기를

"꿈이 뭐야?"

어른들이 가상 낭황하는 실문이다. 봄을 얼어붙게 하고, 심지어는 무례하다는 느낌도 받게 할 수 있다. 꿈이라는 단어가 모호함 그 자체라고 느껴진다면, 조금 더 구체적으로 바꿔서 질문해보자. 올해 목표, 이번 달 목표, 이번 주 목표, 오늘의 목표로 바꿀 수도 있다. 심지어 '오늘 목표는 뭐야?'라는 질문에도 우리는 당황한다. 준비가 되어있지 않기 때문이다. 오늘을 어떻게 살지도 준비되지 않은 우리. 과연 괜찮은 걸까?

아는 것만큼 꿈꿀 수 있다.
꿈꾸는 것만이 현실이 된다.

어디선가 본 이 명언을 좋아한다. 내가 중고등학교에 다닐 땐 개발자나 AI와 같은 단어를 아는 사람이 거의 없었다. 그래서 컴퓨터 프로그래밍과 연관된 꿈도 당연히 꿔본 적이 없다. 만약 그럴 수만 있었다면 새로운 기계를 좋아하고 빠르게 익히는 내 재능이 세상에 더 도움이 되는 방향으로 발화될 수 있었을 것이다.

사람은 욕망하는 방향으로 행동한다. 부자가 되고 싶으면 돈을 벌고 불리는 방향으로 행동하고, 올림픽 메달리스트가 되고 싶다면 매일 훈련을 하러 나가게 된다. 나는 어릴 때 부터 텔레비전이나 잡지에 나오는 사람을 동경했다. 중학교 때는 아나운서가 되고 싶어서, 떨어지긴 했지만 방송반 면접도 봤다. 누구나 자신이 나오는 영상을 만들 수 있는 유튜브가 있다는 것을 알게 되면서, 내 뿌리 깊은 막연한 욕망은 서른이 넘은 나를 유튜버로 데뷔시켰다.

꿈이라는 단어가 허무맹랑하고 목표라는 단어가 딱딱하게 느껴진다면, 욕망이라는 단어로 바꿔도 좋다. 누구에게나 원하는 삶이 있으니 말이다. 욕망을 구체화하면 목표가 된다. 목표가 계획으로 바뀌어 실천까지 이어지면, 욕망은 현실이 된다. 즉, 원했던 삶이 실체로 다가오는 것이다.

며칠 전 나는 누군가의 욕망이 현실이 된 것을 보았다. 연희동에 위치한 '바늘이야기'에 뜨개질을 잘 하고 좋아하시는 엄마와 함께 방문한 것이다. 뜨개인들의 성지와도 같은 곳이라고 한다. 뜨개질 문외한인 나로서는 '뜨개질로 건물을 세우는 게 가능해?'라며 놀라움을 감출 수가 없었다. 총 4층인 해당 건물에는 1층에 뜨개 숍, 2층엔 카페, 3층은 아카데미, 4층은 스튜디오로 구성되어 있었다. 즉 뜨개질로 건물을 세우고는 일부 층을 임대 주는 것이 아니라 전체를 사용하고 있었던 것이다. 그리고 이런 건물이 파주에 하나 더 있다고 한다.

1층 숍은 뜨개질을 잘 모르는 나도 '나도 하나 떠볼까?'는 마음이 들 정도로 멋졌다. 촘촘히 그라데이션된 다양한 색과 다양한 소재의 실, 트렌디한 감성으로 만들어진 뜨개 샘플들, 초보자를 위한 올인원 키트까지! 이곳에 들어서는 모두를 뜨개인으로 만들기에 충분했다. 엄마는 다양한 실과 부자재, 샘플에 푹 빠져서 그곳을 한참을 둘러보고, 여러 가지를 구매하셨다.

2층 카페로 올라선 나는 웃음을 숨길 수가 없었다. 카페에 있는 모두가 뜨개질을 하고 있는 광경은 어디에서도 본 적이 없다. 둘셋이 모여 수다를 떨면서, 혹은 혼자 드라마를 보거나 뜨개질 영상을 보면서 모두 각자의 뜨개 시간을 즐기고 있었다. 20명 정도가 있었는데, 그중 다섯 명이 남자인 것도 놀라웠다. 나는 뜨개인이라면 꿈꿀 뜨개 왕국이 현실이 된 것을 눈으로 보았다.

어떻게 해서 뜨개질로 멋진 뜨개왕국을 건설했는지가 너무 궁금해서 참을 수가 없었다. 집에 돌아오자마자 바늘이야기에 대해 검색을 시작했다. 바늘이야기 송영애 대표는 태교를 하며 뜨개질을 배우기 시작했고, 1998년 작은 공방으로 시작해 동호회, 강사 활동을 이어나갔다고 한다.

여기까지는 나와 비슷하지 않은가. 시간관리를 못하던 나는 스스로를 돌보기 위해 다양한 시간관리법을 시도한 결과, 타임블럭킹의 방법을 응용하여 블럭식스라는 시간관리 시스템을 만들었다. 이 방법으로 시간관리를 잘 하고 싶은 사람들과 함께 하는 커뮤니티를 운영하고 강의와 책, 유튜브 등으로 알리고 있다.

송 대표는 여기에서 더 확장을 시도했다. 실을 직접 수입하고 유통하는 과정으로 사업을 키워 나갔는데, 유럽 등에서 실을 직접 수입해 중간 유통과정 없이 공급하는 것으로 품질과 가격 경쟁력을 확보했고 한다. 또한 2001년 부터는 가맹점 사업을 시작해, 한때 전국 70여 개의 가맹점을 두고 있다.

뜨개질로 태교하던 딸이 어느덧 바늘이야기의 대리가 되었고, 딸에게 젊은 감각으로 온라인 마케팅을 맡겼다. 김대리라 불리는 그녀는 '김대리의 바늘이야기'를 SNS에 올리며 젊은 층을 타겟으로 트렌디한 상품 기획, 친절한 설명, 다양한 키트와 동영상 제공으로 젊은 뜨개인구를 유입했다. 《동아비즈니스리뷰(DBR)》 기사에 따르면 2023년 91억 원이었던 매출은 2024년 138억 원을 기록하며 전년 대비 50%의 성장을 이루며 지속 성장하고 있다.

뜨개질로 시작한 사업이 100억 원이 넘는 매출이라니. 바늘이야기 대표가 현재 바라보고 있는 미래가 궁금해졌다. 누군가가 꿈을 이루어 가는 과정은 또 다른 누군가에게 큰 동기부여가 된다.

이곳에 다녀온 후, 내 욕망은 더욱 구체화되었다. 내가 이 일을 이어나갈 수 있는 마음의 구심점은 '모두가 하고 싶은 것을 하면서 살 수 있도록, 시간관리를 알리는 것'이다. 그래서 나는 지금 내가 할 수 있는 도구를 이용해 시간관리를 알리고 있었다. 책 쓰기, 강의, 유튜브 콘텐츠 만들기와 같은 것 말이다.

바로 이 지점에서 변화가 있었다. 모두가 뜨개질을 즐기고 있었던 2층 카페처럼 '시간관리를 통해 하고 싶은 것을 하는 사람들의 모습'을 상상해 보게 되었다. 나 중심에서 타인 중심의 생각으로 옮겨갈 수 있는 기회가 된 것이다.

이전 생각의 방향: 나 중심	모두가 하고 싶은 것을 하면서 하면서 살 수 있도록, (내가) 시간관리를 알린다.
변화된 생각의 방향: 타인 중심	시간관리를 통해 하고 싶은 것을 하는 사람들의 모습

업무 시간에 집중력을 발휘해서 일을 홀가분하게 끝내고 기뻐하는 사람, 자기 전, 핸드폰을 내려놓고 책을 읽으며 단정히 하루를 마감하는 잔잔한 기쁨을 느끼는 사람, 모닝 커피를 마시며 오늘의 계획을 적어보는 사람, 갑작스러운 요청에 우선순위를 점검하고

부드러운 거절을 해서 자기 시간을 지켜내는 사람, 무의미한 알림에 이끌려 SNS를 방황하는 대신 '문득 너 생각나서 연락했어. 잘 지내지?'라며 다정함을 건네는 데에 시간을 쓰는 사람….

삶을 더 나아지게 하는 요소들을 의식적으로 자신의 하루에 넣으며 만족스러운 인생을 만들어 나가는 사람들의 모습이 떠올랐다. 이렇게까지 생각이 이어지니 '내가 하고 싶은 이야기를 하는 것'에서, '사람들에게 도움이 되는 방향의 이야기'로 메시지의 방향이 옮겨갔다. 내가 하고 싶은 이야기에 초점이 맞추어졌을 때는 소재가 고갈되는 느낌이 들었으나, 구체적인 사람들이 모습이 떠오르니 해야 할 이야기가 명확해졌다.

이를 강의에서 바로 적용했고, 강의 평가에서 그 장점이 더 구체적으로 드러났다. '오늘 바로 저녁에 적용해 보려고요!' 처럼 즉각 실행력을 올리겠다는 후기도 있었고 여러 회 이어가는 강의에서는 '실제로 해냈다'는 이야기도 많아졌다. "이번 주는 책 읽다가 졸지 않고, 목표량을 읽었어요!" "우선순위를 선택하니, 그것 하나는 해 낼 수 있었어요."하며 뿌듯함을 전했다.

어릴 때 부터 텔레비전이나 잡지 같은 곳에 나오는 사람이 되고 싶던 나의 욕망이 나를 유튜브에 뛰어들게 만들었다. 그리고 결국 그것은 회사의 정 대리가 아니라 '내 이름으로 일하는 사람'이 되고 싶다는 것으로 구체화되었다. 나는 11년간 다니던 안정적인 직장인 생활을 커리어 1부로 매듭짓고, 나의 이름으로 세상에 도움이 되는 2부 인생에 매진하고 있다.

정해진 길이 없어 앞날이 막막하게 느껴질 때는 내가 꿈꾸는 세상을 적어본다. 이도 저도 생각이 나지 않을 때는 내가 부러워하는 삶과 브랜드의 여정을 살펴보고, 그 안에 담겨 있는 노고를 들여다본다. 그러면 내 욕망도 점점 선명해진다. 욕망은 목표가 되고, 목표는 계획이 되고, 계획은 실천이 된다. 그렇게 원하는 인생과 비슷하게 되어 간다.

목표 따위는 생각하지 않는다고 말하는 사람들에게도 욕망은 있을 것이다. '내년엔 더 큰 집으로 이사하고 싶다' '새로 나온 테슬라를 사고 싶다' '승진을 하고 싶다' '배출을 늘리고 싶다' '결혼을 하고 싶다' '아이가 생겼으면 좋겠다' '야근을 줄이고 싶다' '해외에서 일하고 싶다'….

그런데 이 욕망과 현실과의 갭이 너무 크다고 느껴지면 우리는 상상을 멈춘다. 그러나 상상을 멈추는 순간, 욕망을 현실로 만들 방법도 사라진다. 원하면 방법을 찾게 된다. 시간이 걸리더라도 말이다. 당신이 원하는 것을 생각하자. 계속, 끊임없이, 지침 없이.

이 책의 고마운 독자인 당신이 꿈 없이 열심히만 살지 않기를, 나는 진심으로 바란다.

××× 에 필 로 그 ×××

몇 년 전, 제주도의 한 산책로를 걸었다. 산책로 오른쪽으로는 검은 돌들이 연결되어 있었고, 그 옆으로는 바로 바다였다. 바닷물이 일렁이며 검을 돌을 쳤을 땐, 내 허리만큼 물이 튀어올랐다. 불과 2-3미터 거리였다. 문득 산책로에서 벗어나 바다에 더 가까워지고 싶었다. 그래서 나는 검은 돌 위로 올라섰고, 그 다음 돌로 성큼 건너갔다. 또 한 번 바닷물이 튀어 올랐다. 내 눈높이까지 튀어오른 바닷물 안에 기포 같은 것을 보았다. 팔뚝에 물방울들이 떨어졌을 땐 "앗 차가워!"하고 소리 질렀다. 시원했다. 2미터를 앞에 두고 산책로에서 눈으로 본 바닷물과, 2미터를 다가가서 본 바다는 완전히 다른 것이었다. 나는 2미터 차이가 준 생경한 느낌을 잊을 수가 없다.

그 뒤로 나는 더 적극적으로 직접 경험에 나섰다. 비가 오면 괜히 우산 밖으로 손을 뻗어보거나, 꽃을 한두 송이 사와서 식탁에 꽂아두고는 오며 가며 자주 코를 대고 킁킁거린다. 비가 흩뿌려도 유아차를 밀며 마라톤에 나가본다. 반은 걷고 반은 뛰지만, 광활한 광화문대로를 많은 유아차 부대와 함께 달리는 웅장함은 내 몸으로만 느낄 수 있는 것이기 때문이다. 오감으로 직접 느낀 것만이 내 것이 된다.

아기를 낳고 나서 더 강렬하게 느낀다. "안 낳았으면 어쩔 뻔했어?"라는 말이 자꾸 나온다. "조카도 너무 예쁘지? 너 애 낳아봐. 진짜 말도 못하게 예뻐."하는 소리를 많이 들었다. 머리로만 '그렇겠지. 조카도 정말 사랑스러웠는데, 내 아기면 더 그렇겠지?'라고 가늠해 보는 정도였다. 그런데 직접 아기를 낳고 키워보니 눈물, 콧물 다 나오는 인생 역대급 기쁨이다. 역시 직접 경험하지 않으면 모르는 것이나 마찬가지다.

자고 나면 AI 솔루션이 업데이트 되는 세상에서, 이 책은 독자에게 어떤 도움을 줄 수 있을까를 많이 고민했다. 나 또한 업무에서, 일상에서 AI를 많이 활용한다. 확실히 일할 때 걸리는 시간이 줄어든다. 업무가 효율적으로 진행되고, 참고할 만한 아이디어도 많아 결과물의 질도 더욱 향상되었다. 그래서? 아껴진 시간을 우리는 더 잘 보내고 있나?

너무 쉽게 생각을 얻고, 결정을 얻고, 간접 경험을 얻어 그것이 마치 내 것인 양 여기게 되는 시대를 살고 있다. 방구석에 누워 손가락 하나면 온갖 경험을 다 해 볼 수 있다. 그 결과 생각과 몸이 점점 멀어진다. 그 간극이 커질수록 행동하기는 어려워지고, 기분도 침체된다. 이미 머리로는 안다고 생각하기에, 몸을 움직여볼 호기심도 남지 않는 것이다. 행동하지 않으니 자신감은 점점 줄고 행동하기 더욱 어려워진다. 아는 것이 점점 늘어나는 동시에, 아는 것이 하나도 없기도 하다.

많은 것을 대신해주는 AI 시대에 오히려 우리에게 필요한 건 스스로 직접 해보는 '경험'이지 않을까? 오직 현생만이 나를 즐겁게 한다. 다른 사람의 경험을 들여다 보는 것 대신 직접 경험과 행동을 늘려야 한다. 그러기 위해서는 생각과 행동의 격차를 줄일 방법이 필요하다. 계획을 통해 생각한 것을 행동으로 연결하고 그래서 온전한 자신만의 기쁨을 느끼는 것. 이것이 AI시대에도 필요한 이 책의 효용이 아닐까.

인간은 강하기도 하지만, 의외로 작은 돌부리에 걸려 넘어진다. 애초에 지키기 힘든 계획을 세우고는 자신을 탓하지 않았으면 좋겠다. 이 책을 통해 한 번이라도 더 많이 행동하고 더 좋은 방법을 찾고, 그러다 실패하고, 결국엔 해내길 바란다. 직접 경험을 통해 즐거움, 성취감, 깨달음, 만족, 홀가분함을 더 자주 느낄 수 있기를 바

란다. 진짜 내가 경험한 것들로 가득한 자신의 삶을 만들어 가기를
바란다. 여기에 이 책의 유용함이 있다.

2025년 8월

오늘도 당신이 하고 싶은 걸 하게 돕는 사람, 정지하

계획이 문제였습니다

1판 1쇄 인쇄 2025년 9월 8일
1판 1쇄 발행 2025년 9월 18일

지은이 정지하(룩말)
펴낸이 김기옥

경제경영사업본부장 모민원
경제경영팀 박지선, 양영선
마케팅 박진모
경영지원 고광현
제작 김형식

표지 디자인 MALLYBOOK
내지 디자인 푸른나무디자인
인쇄·제본 민언프린텍

펴낸곳 한스미디어(한즈미디어(주))
주소 04037 서울특별시 마포구 양화로 11길 13(서교동, 강원빌딩 5층)
전화 02-707-0337 | **팩스** 02-707-0198 | **홈페이지** www.hansmedia.com
출판신고번호 제 313-2003-227호 | **신고일자** 2003년 6월 25일

ISBN 979-11-94777-44-1 (03190)